MW01625616

MELANIE BERG

Colorwork SHAWLS

TÜCHER STRICKEN MIT FARBE

KNIT IN COLOR

Für Regina.
Ich hab Dich lieb!
For Regina.
I love you!

Colorwork Shawls, Tücher und Farbe – das bedeutet für mich eine wunderbare Spielwiese, auf der ich mich nach Herzenslust austoben kann.

Farben für ein Projekt auswählen gehört für mich zu den allerschönsten und spannendsten Schritten. Ich genieße es immer unheimlich, mir all die Möglichkeiten zu erträumen, die am Anfang noch offen stehen, denn kaum etwas hat einen so großen Einfluss auf den Look eines fertigen Tuchs wie die Farbwahl:

Möchte ich etwas zeitlos Elegantes? Etwas, das ich mit vielen meiner Klamotten kombinieren kann? Oder doch mal etwas richtig Abgefahrenes, einen echten Hingucker? Es ist wunderbar, wenn alle Wege noch offen vor einem liegen und man die Freiheit hat, jeden davon einzuschlagen.

Aber manchmal hat man auch die Qual der Wahl. Vielleicht kannst Du Dich nicht entscheiden, weil Dir so viele Möglichkeiten gut gefallen würden? Oder Dir fällt einfach keine passende zweite Farbe zu Deinem Lieblingsstrang ein? Oder fühlen sich alle Kombinationen, die Du zusammenstellst, einfach nicht richtig an? Vielleicht hast Du auch schon einmal etwas aus Farben gestrickt, die Du eigentlich richtig schön fandest, aber das fertige Teil gefällt Dir trotzdem nicht und jetzt bist Du verunsichert?

Keine Sorge, wenn Du Dich hier wiederfindest: Es gibt ein paar ganz einfache Tipps und Tricks, die bei der richtigen Farbwahl weiterhelfen.

Colorwork shawls or scarves and colors – that's my ultimate playground where I can play to my heart's content.

My favorite and to me most fascinating part of a project is choosing the colors. Starting a new project, I really enjoy imagining all possible options as nothing influences the look of a finished shawl as much as the color choices.

Do I want something timeless and elegant? Something that works with most of my wardrobe? Or something extraordinary, a real eyecatcher? It's wonderful to experience the freedom to choose when you have so many different options.

Though sometimes one is spoiled for choice. Maybe you can't decide because several options seem appealing to you? Or you can't think of the perfect second color to combine with your favorite hank of yarn? Or all of your color combinations just don't feel quite right? Maybe at some point you knitted a project with colors that you really liked, but still the finished piece didn't meet your approval and now you are unsure?

Don't worry if you can identify with this: there are some simple tips and tricks to help you find the perfect colors.

MASCHENPROBEN

Maschenproben für Tücher? Ich sehe das kollektive Kopfschütteln geradezu vor mir, und jetzt einmal Hand auf's Herz: Machst Du welche? Die allermeisten Strickerinnen und Stricker wohl nicht, denn bei einem Tuch ist es schließlich ganz egal, ob es am Ende fünf Zentimeter länger oder kürzer ist, richtig?

Aber denk einmal an die Farbwahl: Manchmal liegen wir mit unserem Bauchgefühl ziemlich richtig, manchmal aber auch nicht. Manchmal entpuppen sich zwei Stränge, die nebeneinander noch wundervoll aussahen, zusammen verstrickt als echter Alptraum, und das wunderschöne Lacemuster kommt in der wild gemusterten Wolle überhaupt nicht zur Geltung.

Wir können ziemlich gut darin sein, uns Dinge im Voraus vorzustellen. Es ist aber meist viel einfacher, wenn wir uns gar nichts vorstellen müssen, sondern ganz konkret etwas haben, das wir uns ansehen können, um dann zu entscheiden, ob es uns gefällt oder eben nicht. Eine Maschenprobe ist schnell gemacht und ist wie das kleine Abbild eines fertigen Projekts. Für einen ersten Eindruck gibt es nichts Besseres.

SWATCHES

Knitting swatches for shawls? I can see heads shaking, but cross your heart: do you do them?" Most knitters probably don't, as it really doesn't make much difference if a finished shawl is five centimeters longer or shorter, correct?

Think about the color choice though: Sometimes our instinct is pretty much correct, and sometimes it isn't. In some instances, two hanks that look fantastic side by side turn into a nightmare once they are knitted up and the pretty lace pattern is lost in the vibrantly colored yarn.

We may be good at imagining how things will look once they are finished. However, many times it's easier not having to picture something, but to have something tangible in front of us to decide whether we like it or not. A swatch knits up quickly and is like a small replica of the finished project. There's nothing better for a first impression!

Übrigens spielen nicht nur die Farben selbst eine große Rolle, sonder auch wie sie angeordnet sind. Hättest Du gedacht, dass diese drei kleinen Proben so unterschiedlich wirken können?
Für Momente, in denen Du keine Maschenprobe anfertigen kannst, kannst Du dir anders helfen: Bunt- oder Aquarellstifte hervorkramen, oder auf Ravelry einmal die Projektliste zu einem bestimmten Design durchsehen. Vielleicht hat jemand das Tuch schon genau in den Farben gestrickt, die Dir vorschweben?

Incidentally, not only the colors themselves play a key role, but also how they are arranged. Would you have imagined that these three small swatches could have such a different effect?
If you can't knit up a swatch, opt for other methods: take your colored pencils or watercolor pencils or check the project list for a particular design on Ravelry. Maybe someone has already knit that shawl in the colors you have in mind.

DIE KOMFORTZONE

Wir alle haben sie – die Komfortzone, in der wir uns richtig wohlfühlen und die wir daher auch nur so ungern verlassen. Von mir selbst kenne ich das ganz besonders beim Wollkauf: Wann immer ich ein Wollgeschäft besuche, gehe ich anschließend stets nur mit grauen und senffarbenen Strängen wieder hinaus …
Das kann schön sein, denn Stricken mit den Lieblingsfarben ist klasse. Auf Dauer wird es aber vielleicht etwas langweilig, und das ist der Zeitpunkt, an dem wir der Komfortzone den Rücken kehren müssen.
Probier das einmal ganz bewusst aus – greif zu Farben, die Du sonst nicht einmal in Erwägung ziehen würdest. Vielleicht magst Du sie nicht als einzigen Farbton im Projekt verwenden, sondern nur als Akzent einstreuen? Wie viel kleine und kleinste Farbakzente ausmachen, kannst Du ab Seite 98 bei „The Miller's Daughter" sehen.
Wenn Dir das schwerfällt, lass Dir von Freundinnen und Freunden helfen: Geht zusammen Wolle kaufen – Du bestimmst die Qualität, sie die Farben.

THE COMFORT ZONE

We all have one – that comfort zone where we feel comfortable and which we are reluctant to leave behind. For me, that's what happens when I visit a yarn store – I end up only purchasing gray and mustard-colored yarns …
That can be a good thing since knitting with your favorite colors is great. But in the long term, it may become a little boring and that's the time when we need to step out of our comfort zone.
Consciously make the decision to try something new – reach for colors that you wouldn't even consider otherwise. If you don't want to use them as the only color in your project, instead implement them to provide a touch of color. Experience the positive effect of color accents with "The Miller's Daughter" on page 98.
And if you're still unsure, get some help from friends: shop for yarns together – you decide on the type of yarn, your friends get to pick the colors.

KOMBINIEREN

Wir stricken Tücher oft aus dem Grund, weil wir sie anschließend gerne tragen möchten. Da ist es eigentlich doch nur logisch, zuerst einmal einen Blick in den eigenen Kleiderschrank zu werfen – welche Farben findest Du dort?

Wenn Deine Garderobe quietschbunt und vielfältig ist, strick Dein nächstes Projekt in dezenteren Tönen.

Besteht sie (wie meine), hauptsächlich aus Grau- und Schwarztönen, dann wähle beim nächsten Projekt Farben, die das Ganze ein wenig aufpeppen.

ÜBRIGENS …

Eins der Dinge, die ich am Stricken so liebe, ist, dass man jeden Fehler wieder gutmachen kann. Es wäre schön, wenn das auch im Leben so wäre – einfach ein paar Tage zurückstricken und alles korrigieren …

Es gibt aber leider eine Sache, die auch beim Stricken unwiderrufbar ruiniert werden kann: Wenn sehr dunkle, kräftige Wolle beim Waschen Farbe verliert und diese sich dann im helleren Garn festsetzt. Farbtöne, die besonders dazu neigen, sind Weinrot und Petrol. Wenn Du vorab also schon weißt, dass Du sehr kräftige und sehr helle Farben miteinander kombinieren möchtest, dann wasche am besten die dunklen Stränge in einer weißen Schüssel einmal vor. Schau Dir danach das Wasser an – ist es verfärbt? Falls ja, ist Vorsicht geboten.

LOS GEHT'S

Jetzt aber genug graue Theorie – ich wünsche Dir mit diesem Buch viel Freude. Sei experimentierfreudig, probier verschiedenste Farbkombinationen und Töne aus, und die Hauptsache: Hab viel Spaß dabei!

COMBINING

Most of the time we knit shawls because we want to wear them later on. So it seems logical to first take a closer look at our wardrobe – what are the predominant colors in your closet?

If your wardrobe is colorful and eclectic, work your next project in more subdued colors.

If your wardrobe is like mine and consists mostly of grays and blacks, choose colors for your next project that add a little pizzazz to everything.

BY THE WAY …

One of the things I love about knitting is that any mistake can be corrected. It would be great if that would apply to life as well – just knit back a few days and correct everything …

Unfortunately there is one thing that can irrevocably ruin your knitting: when very dark, saturated yarn is washed and bleeds color, thus staining the lighter yarn. Colors with a particular tendency to bleed are wine red and teal.

If you know ahead of time that you will be combining vibrant and very light colors, it's best to pre-wash dark yarn in a white bowl. Afterwards, look at the water – has it changed color? If so, proceed with caution.

LET'S START

But enough of mere theory – I hope you will enjoy this book. Be adventuresome, try different color combinations and shades. But the main thing is: have fun doing it!

BESONDERE TECHNIKEN

Links zu Videos und Tutorials zu diesen Techniken findest Du in meiner Ravelry-Gruppe: https://www.ravelry.com/groups/designs-by-melanie-berg/pages

Aufschlingen: Führe die rechte Nadel in die Lücke zwischen den ersten beiden Maschen auf der linken Nadel. Hole dann den Faden mit der Nadel durch diese Lücke nach vorn, als ob Du sie rechts stricken würdest. Drehe diese neue Masche herum und setze sie auf die linke Nadel, sodass sie die erste Masche der Reihe wird.

Doppelmasche / verkürzte Reihe: Mit dem Arbeitsfaden vor der Arbeit eine Masche wie zum links stricken abheben und den Arbeitsfaden dann über diese Masche wieder nach hinten ziehen. Dies zieht beide „Beinchen" der Masche nach oben und sieht anfangs etwas ungewöhnlich aus, ist aber genau richtig. In der Rückreihe wird diese Doppelmasche wie eine normale Masche abgestrickt.

Faden hochtragen: Anstatt den Farben nach jedem Farbwechsel abzuschneiden, kannst Du ihn an der Seite mit hochtragen. Es gibt hierfür viele verschiedene Techniken – bei der, die ich am liebsten mag, wird der Faden einmal um die erste Masche jeder Hinreihe gewickelt.

„Garter-tab"-Maschenanschlag: Ein besonderer Maschenanschlag, der sich sehr gut für Tücher, die aus der Mitte der oberen Kante heraus nach unten und außen gestrickt werden, eignet.

glatt rechts: Stricke rechte Maschen in Hinreihen und linke Maschen in Rückreihen.

kraus rechts: Stricke rechte Maschen in Hin- und Rückreihen

Make 3 from 3 (m3f3): Ein besonders schöner Stich, den ich für Moonraker verwendet habe. Siehe „Abkürzungen" auf Seite 122.

Make 5 from 5 (m5f5): Ein besonders schöner Stich, den ich für Moonraker verwendet habe. Siehe „Abkürzungen" auf Seite 122.

Muschelstich: [die rechte Nadel durch die M, die 5 M unter der 3. M auf der linken Nadel liegt, führen und vom Arbeitsfaden eine Schlaufe durchziehen; diese Schlaufe auf die rechte Nadel nehmen, 1 re] 5 mal, dabei die Schlaufen jeweils durch dieselbe M nach vorne holen.

Muschelstich: Den Muschelstich kann man auch gut mit Hilfe einer Häkelnadel machen.

überzogen zusammenstricken (ssk): Hebe zwei Maschen nacheinander wie zum rechts stricken ab – dadurch änderst Du ihre Ausrichtung. Schiebe nun beide Maschen in geänderter Ausrichtung zurück auf die linke Nadel und stricke sie verschränkt zusammen.

unter losem Faden: Die rechte Nadel unter dem losen Faden hindurch wie zum rechts stricken in die nächste Masche führen. Diese dann ganz normal abstricken und die neue Masche unter dem losen Faden hervor holen.

SPECIAL TECHNIQUES

Please find links to videos and tutorials for these techniques in my Ravelry group: https://www.ravelry.com/groups/designs-by-melanie-berg/pages

cable cast-on: *Insert the right needle through the gap between the first and the second stitch on the left needle. Catch the yarn and pull it through – as if you would "knit" the gap. Twist this new stitch and put it onto your left needle, so that it becomes the new first stitch.*

carry yarn up the side: *Instead of cutting a yarn after each color change, you can carry it up along the side of your knitting. There's many different ways to do this – the one I like most creates a neat looking edge by wrapping the yarn once around the first stitch of each right side row.*

double stitch / German short rows: *With yarn in front, slip one stitch purlwise, then pull the yarn over to the back again to be in position for the next knit stitch. This will pull up the stitch you just slipped, making it look a little odd – but that's fine! On the return row, work this stitch like a normal knit stitch*

garter stitch: *Knit on right side rows, and knit on wrong side rows.*

garter-tab cast-on: *This cast-on method is very well suited for shawls that are worked down and out from the center of the top edge.*

Make 3 from 3 (m3f3): *A particularly beautiful stitch that I used for Moonraker.* *See "Abbreviations" on page 122.*

Make 5 from 5 (m5f5): *A particularly beautiful stitch that I used for Moonraker.* *See "Abbreviations" on page 122.*

shell dip stitch: *[insert right needle into the front of st 5 rows below the 3rd st on left needle and draw through a long loop; slip that loop onto right needle, k1] 5 times, taking all loops from the same st below. The shell dip stitch is easier to perform with the help of a crochet hook.*

stockinette stitch: *Knit on right side rows, and purl on wrong side rows.*

under loose strand: *Insert right needle under loose strand and then into next stitch knitwise, from front to back. Knit stitch normally, then bring new stitch out from under the strand.*

5190 MILES

Entfernung spielt bei kreativer Zusammenarbeit manchmal überhaupt keine Rolle – sogar, wenn es 5190 Meilen sind!

Genauso weit ist es nämlich von Portland, Oregon, bis nach Bonn, Deutschland, und ist deshalb auch der perfekte Titel für dieses gemeinsame Projekt von Knit Purl PDX, der Handfärberei Bumblebirch und mir.

Der Muschelstich ist ein wunderschönes Detail, das für all das stehen könnte, was man im Stadtbild finden kann: Straßen, Flüsse oder Brücken ...

Die beiden Hälften des Tuchs sind invertiert, und jede der beiden Farben findet sich immer auch in der anderen Hälfte wieder. Ganz so, als würde man sich an die eine Stadt erinnern, während man gerade in der anderen ist – oder umgekehrt.

Strick' Dein Tuch in den Farben Deiner beiden Lieblingsstädte, als kleine Erinnerung daran, dass alles miteinander in Verbindung steht, ganz egal wie groß die Entfernung sein mag.

Distance is no barrier to creative collaboration – even if it's 5190 Miles!

That's how far it is from Portland, Oregon to Bonn, Germany, which makes it a fitting title for a shawl collaboration between Knit Purl PDX, Bumblebirch Yarns, and me.

The shell pattern evokes the urban landscape of roads, rivers and bridges, and the two halves of this asymmetrical triangle shawl are inverted in color.

Streaks of each other's color dart through each half – just how thoughts of one city might tug at your mind while you're in another.

Knit this in the colors of your two favorite cities as a reminder that no matter how far apart they are, everything is interwoven.

5190 MILES

GARN

Bumblebirch Glen + (80 % Merino, 20 % Seide; 150 g / 600 yds [549 m])

- 1 Strang in „Dandelion" (Farbe A)
  137 g / 548 yds [502 m] Verbrauch
- 1 Strang in „Eggplant" (Farbe B)
  134 g / 536 yds [491 m] Verbrauch

NADELN

- US 4 [3.50 mm] Rundstricknadel oder entsprechend der Maschenprobe

MASCHENPROBE

10 M x 15 R = 2 x 2" [5 x 5 cm] kraus rechts, gespannt

HILFSMITTEL

- Häkelnadel (optional)

MASSE

110" [280 cm] entlang der oberen Kante und 23.5" [60 cm] tief

HINWEISE

- 5190 Miles wird in Reihen von der rechten Spitze bis zur linken Kante gestrickt.
- (Optional) Um die obere Kante schön elastisch zu machen, kannst Du nach der ersten M jeder HR einen Umschlag einfügen und diesen in der folgenden RR direkt wieder fallen lassen.
- Maschen werden immer wie zum links stricken abgehoben.
- Eine Erklärung zum Muschelstich findest Du auf Seite 13 unter „Besondere Techniken".

YARN

Bumblebirch Glen + (80 % Merino, 20 % Silk; 150 g / 600 yds [549 m])

- *1 skein in "Dandelion" (color A)*
  137 g / 548 yds [502 m] used for sample
- *1 skein in "Eggplant" ^(color B)*
  134 g / 536 yds [491 m] used for sample

NEEDLES

- *US 4 [3.50 mm] circular needles or size to obtain gauge*

GAUGE

10 sts x 15 rows = 2 x 2" [5 x 5 cm] in garter stitch, blocked

NOTIONS

- *crochet hook (optional)*

FINISHED MEASUREMENTS

110" [280 cm] wingspan along top edge and 23.5" [60 cm] deep

NOTES

- *5190 Miles is worked flat from the upper right tip towards the left edge.*
- *(Optional) For making the upper edge nice and stretchy to wear against your neck, you can add a yarn over after the very first stitch of each RS row and then drop it again on the following WS row.*
- *Stitches are always slipped purlwise.*
- *See "Special Techniques" on page 13 for shell dip stitch*

DEFINITIONEN

ABSCHNITT 1

Reihe 1 (HR): 1 re, kfbf, re bis zu den letzten 3 M, 2 M re zus.str, 1 re (1 M zugenommen)
Reihe 2: re bis zum Ende
Reihen 3-4: wie Reihen 1-2 (1 M zugenommen)
Reihen 5-6: wie Reihen 1-2 (1 M zugenommen)
Reihe 7: 1 re, kfbf, re bis zum Ende (2 M zugenommen)
Reihe 8: re bis zum Ende

ABSCHNITT 2

Hinweis: Durch den Muschelstich werden 5 M zugenommen, die in der Folgereihe direkt wieder abgenommen werden. Die Maschenzahlen in Klammern zählen diese Maschen nicht mit.

Mit Kontrastfarbe

Reihe 1 (HR): 1 re, kfbf, re bis zu den letzten 3 M, 2 M re zus.str, 1 re (1 M zugenommen)
Reihe 2: re bis zum Ende

Mit Hintergrundfarbe

Reihen 3-4: wie Reihen 1-2 (1 M zugenommen)
Reihen 5-6: wie Reihen 1-2 (1 M zugenommen)
Reihe 7: 1 re, kfbf, re bis zum Ende (2 M zugenommen)
Reihe 8: re bis zum Ende

Mit Kontrastfarbe

Reihe 9: 1 re, kfbf, [5 re, 1 Muschelstich arbeiten, 5 re] wiederholen bis zu den letzten 6 M, 3 re, 2 M re zus.str, 1 re (1 M zugenommen)
Reihe 10: 6 re, [5 re, 2 M re zus.str 5 mal, 5 re] wiederholen bis zu den letzten 3 M, 3 re

Mit Hintergrundfarbe

Reihen 11-16: wie Reihen 3-8 (4 M zugenommen)

DEFINITIONS

SECTION 1

Row 1 (RS): *k1, kfbf, k to last 3 sts, k2tog, k1 (1 st increased)*
Row 2: *k to end*
Rows 3-4: *same as rows 1-2 (1 st increased)*
Rows 5-6: *same as rows 1-2 (1 st increased)*
Row 7: *k1, kfbf, k to end (2 sts increased)*
Row 8: *k to end*

SECTION 2

Note: Each shell dip stitch is increasing 5 sts, and then these are decreased back again in the following row. The stitch counts given don't take these into account.

With contrasting color

Row 1 (RS): *k1, kfbf, k to last 3 sts, k2tog, k1 (1 st increased)*
Row 2: *k to end*

With background color

Rows 3-4: *same as rows 1-2 (1 st increased)*
Rows 5-6: *same as rows 1-2 (1 st increased)*
Row 7: *k1, kfbf, k to end (2 sts increased)*
Row 8: *k to end*

With contrasting color

Row 9: *k1, kfbf, [k5, work 1 shell dip stitch, k5] repeat to last 6 sts, k3, k2tog, k1 (1 st increased)*
Row 10: *k6, [k5, k2tog 5 times, k5] repeat to last 3 sts, k3*

With background color

Rows 11-16: *same as rows 3-8 (4 sts increased)*

Mit Kontrastfarbe

Reihe 17: 1 re, kfbf, [5 re, 1 Muschelstich arbeiten, 5 re] wiederholen bis zu den letzten 11 M, 8 re, 2 M re zus.str, 1 re (1 M zugenommen)

Reihe 18: 11 re, [5 re, 2 M re zus.str 5 mal, 5 re] wiederholen bis zu den letzten 3 M, 3 re

Mit Hintergrundfarbe

Reihen 19-24: wie Reihen 3-8 (4 M zugenommen)

ABSCHNITT 3

Reihe 1 (HR): 1 re, kfbf, [5 re, 1 Muschelstich arbeiten] wiederholen bis zu den letzten 6 M, 3 re, 2 M re zus.str, 1 re (1 M zugenommen)

Reihe 2: 1 re, [5 re, 2 M re zus.str 5 mal] wiederholen bis zu den letzten 8 M, 8 re

With contrasting color

Row 17: *k1, kfbf, [k5, work 1 shell dip stitch, k5] repeat to last 11 sts, k8, k2tog, k1 (1 st increased)*

Row 18: *k11, [k5, k2tog 5 times, k5] repeat to last 3 sts, k3*

With background color

Rows 19-24: *same as rows 3-8 (4 sts increased)*

SECTION 3

Row 1 (RS): *k1, kfbf, [k5, work 1 shell dip stitch] repeat to last 6 sts, k3, k2tog, k1 (1 st increased)*

Row 2: *k1, [k5, k2tog 5 times] repeat to last 8 sts, k8*

LOS GEHT'S

MASCHENANSCHLAG

8 M in Farbe A elastisch anschlagen.

VORBEREITUNG

Vorbereitungsreihe (RR): re bis zum Ende

TUCH BEGINNEN

Abschnitt 1 fünf mal in Farbe A arbeiten (25 M zugenommen ‖ 33 M).
Abschnitt 2 einmal arbeiten, dabei ist Farbe B die Kontrast- und Farbe A die Hintergrundfarbe (15 M zugenommen ‖ 48 M).
Abschnitt 1 dreimal in Farbe A arbeiten (15 M zugenommen ‖ 63 M).
Reihen 1-16 von Abschnitt 2 einmal arbeiten, dabei ist Farbe B die Kontrast- und Farbe A die Hintergrundfarbe (10 M zugenommen ‖ 73 M).
Abschnitt 1 viermal in Farbe A arbeiten (20 M zugenommen ‖ 93 M)
Abschnitt 2 einmal arbeiten, dabei ist Farbe B die Kontrast- und Farbe A die Hintergrundfarbe (15 M zugenommen ‖ 108 M).
Abschnitt 1 dreimal in Farbe A arbeiten (15 M zugenommen ‖ 123 M).
Reihen 1-16 von Abschnitt 2 einmal arbeiten, dabei ist Farbe B die Kontrast- und Farbe A die Hintergrundfarbe (10 M zugenommen ‖ 133 M).
Abschnitt 1 viermal in Farbe A arbeiten (20 M zugenommen ‖ 153 M).
Abschnitt 2 einmal arbeiten, dabei ist Farbe B die Kontrast- und Farbe A die Hintergrundfarbe (15 M zugenommen ‖ 168 M).
Abschnitt 1 dreimal in Farbe A arbeiten (15 M zugenommen ‖ 183 M).
Reihen 1-16 von Abschnitt 2 einmal arbeiten, dabei ist Farbe B die Kontrast- und Farbe A die Hintergrundfarbe (10 M zugenommen ‖ 193 M).

START HERE

CAST-ON

With color A, cast on 8 sts using the long tail cast-on method.

SET-UP

Set-up row (WS): *k to end*

BEGIN SHAWL

With color A, work five repeats of Section 1 (25 sts increased ‖ 33 sts).
With color B as contrasting color and color A as background color, work 1 repeat of Section 2 (15 sts increased ‖ 48 sts).
With color A, work three repeats of Section 1 (15 sts increased ‖ 63 sts).
With color B as contrasting color and color A as background color, work rows 1-16 of Section 2 (10 sts increased ‖ 73 sts).
With color A, work four repeats of Section 1 (20 sts increased ‖ 93 sts).
With color B as contrasting color and color A as background color, work 1 repeat of Section 2 (15 sts increased ‖ 108 sts).
With color A, work three repeats of Section 1 (15 sts increased ‖ 123 sts).
With color B as contrasting color and color A as background color, work rows 1-16 of Section 2 (10 sts increased ‖ 133 sts).
With color A, work four repeats of Section 1 (20 sts increased ‖ 153 sts).
With color B as contrasting color and color A as background color, work 1 repeat of Section 2 (15 sts increased ‖ 168 sts).
With color A, work three repeats of Section 1 (15 sts increased ‖ 183 sts).
With color B as contrasting color and color A as background color, work rows 1-16 of Section 2 (10 sts increased ‖ 193 sts).

Abschnitt 1 einmal in Farbe A arbeiten (5 M zugenommen ‖ 198 M), danach Reihen 1-4 von Abschnitt 1 noch einmal (2 M zugenommen ‖ 200 M).
Reihen 5-8 von Abschnitt 1 einmal in Farbe B arbeiten (3 M zugenommen ‖ 203 M).
Abschnitt 1 zweimal in Farbe B arbeiten (10 M zugenommen ‖ 213 M).
Reihen 1-16 von Abschnitt 2 einmal arbeiten, dabei ist Farbe A die Kontrast- und Farbe B die Hintergrundfarbe (10 M zugenommen ‖ 223 M).
Abschnitt 1 viermal in Farbe B arbeiten (20 M zugenommen ‖ 243 M).
Reihen 1-16 von Abschnitt 2 einmal arbeiten, dabei ist Farbe A die Kontrast- und Farbe B die Hintergrundfarbe (10 M zugenommen ‖ 253 M).
Abschnitt 1 fünfmal in Farbe B arbeiten (25 M zugenommen ‖ 278 M).
Abschnitt 3 einmal in Farbe A arbeiten (1 M zugenommen ‖ 279 M).

ABKETTEN

Mit Farbe A

Reihe 1 (HR): 1 re, [1 re, 2 M zurück auf die linke Nadel schieben, 2 M re verschr zus.str] wiederholen bis zum Ende

ABSCHLUSS

Faden abschneiden und durch die letzte M ziehen. Fäden vernähen, das Tuch dann in kaltem Wasser kurz einweichen lassen und zum Trocknen locker aufspannen.

With color A, work one repeat of Section 1 (5 sts increased ‖ 198 sts), then work rows 1-4 of Section 1 once again (2 sts increased ‖ 200 sts).
With color B, work rows 5-8 of Section 1 (3 sts increased ‖ 203 sts).
With color B work two repeats of Section 1 (10 sts increased ‖ 213 sts).
With color A as contrasting color and color B as background color, work rows 1-16 of Section 2 (10 sts increased ‖ 223 sts).
With color B, work four repeats of Section 1 (20 sts increased ‖ 243 sts).
With color A as contrasting color and color B as background color, work rows 1-16 of Section 2 (10 sts increased ‖ 253 sts).
With color B, work five repeats of Section 1 (25 sts increased ‖ 278 sts).
With color A, work one repeat of Section 3 (1 st increased ‖ 279 sts).

BIND-OFF

With color A

Row 1 (RS): *k1, [k1, sl 2 sts back to left needle, k2tog-tbl] repeat to end*

FINISHING

Cut yarn and pull through last st. Weave in and secure all ends, wash and block to final measurements.

HANDGEFÄRBTE GARNE

Man kann heute kein Buch über Stricken und Farbe schreiben, ohne als Allererstes die wunderbare Vielfalt an handgefärbten Garnen zu erwähnen, die uns zur Verfügung steht. Noch vor zehn Jahren war es viel schwieriger, überhaupt an handgefärbte Wolle zu kommen, und zahlreiche Spielarten wie Speckles, Stränge mit Farbverlauf oder Farbverlaufsets gab es so gut wie gar nicht.

Heute stehen wir vor einem überwältigenden Angebot und unserer eigenen Kreativität werden dadurch viele neue Türen geöffnet.

Was ich an handgefärbten Garnen am meisten liebe, sind die zahlreichen feinen Schattierungen, die man oft findet, selbst wenn der Strang selbst eigentlich einfarbig ist. Hier erscheint der Farbton etwas kräftiger, dort etwas heller, und dazwischen finden sich unzählige weitere Nuancen.

Hierdurch wirkt eine große Farbfläche gleich viel interessanter, viel tiefer und lebendiger. Kannst Du es auf den Bildern von 5190 Miles erkennen?

HAND-DYED YARNS

In today's day and age you can't write a book about knitting and colors without first mentioning the amazing variety of hand-dyed yarns. Ten years ago it was much more difficult to get ahold of hand-dyed yarns, so other types of yarns such as speckled yarn, gradient yarn or gradient yarn sets were hard to find.

Today the variety of yarns available is overwhelming and opens so many new doors for knitters.

What I love most about hand-dyed yarns are the multiple, subtle color shifts that you often see even when the hank itself seems like a solid color. Here the shade seems a little bit bolder, there a little lighter, and inbetween there are a multitude of shades and hues to be discovered.

This adds interest to a larger area of color, making the color appear richer and more vivid. Can you see it in the photos of 5190 Miles?

ALL PATHS LEAD HOME

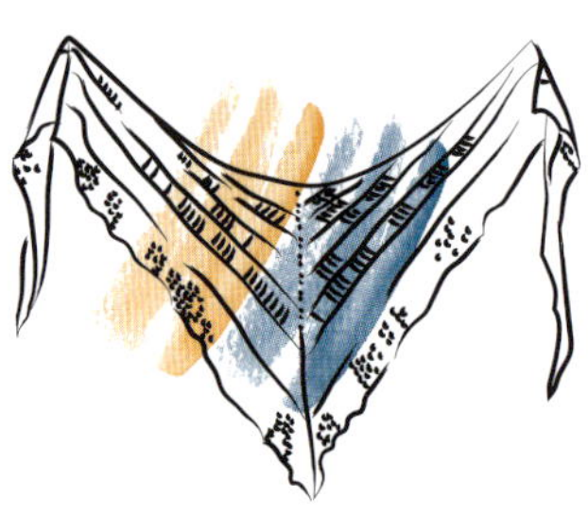

Wenn Du unterwegs bist – sei es auf einer Weltreise oder nur mal schnell die Straße runter – ist es immer schön, ein kleines Stück Zuhause mit dabei zu haben, manchmal in Form eines ganz besonderen Tuchs!

All Paths Lead Home ist ein großes Dreieckstuch, und seine breiten, grafischen Streifen, die luftige Lacekante und die großzügige Form machen es zu einem besonders vielseitigen Accessoire.

Das Garn ist Sun Valley Fibers MCS 75/15/10 Fingering, eine wunderbar weiche Mischung aus Merino, Kaschmir und Seide, die in vielen handgefärbten Schattierungen erhältlich ist.

When you start on a journey – whether across the world or just down the street – carry home with you in this stunning triangle shawl.

It's well-traversed by bold graphic stripes and airy lace panels, and its generous size makes it extremely versatile.

The yarn offers a special bit of cosy comfort. It's Sun Valley Fibers MCS 75/15/10 Fingering, a luscious blend of merino, cashmere, and silk that will wrap you in warmth.

ALL PATHS LEAD HOME

GARN

Sun Valley Fibers MCS 75/15/10 Fingering
(75 % Merino, 15 % Kaschmir, 10 % Seide;
100 g / 400 yds [366 m])

- 1 Strang in „Kent“ (Farbe A)
  87 g / 348 yds [314 m] Verbrauch
- 1 Strang in „Tequila Sunrise“ (Farbe B)
  51 g / 204 yds [184 m] Verbrauch
- 1 Strang in „Spruce“ (Farbe C)
  97 g / 388 yds [350 m] Verbrauch

NADELN

- US 5 [3.75 mm] Rundstricknadel
  oder entsprechend der Maschenprobe

MASCHENPROBE

10 M x 14 R = 2“ x 2 [5 x 5 cm]
im Muster von Abschnitt 1, gespannt

HILFSMITTEL

- 2 Maschenmarkierer

MASSE

86.5“ [220 cm] entlang der oberen Kante
und 27.5“ [70 cm] tief

HINWEISE

- All Paths Lead Home wird von der Mitte der oberen Kante aus nach unten und außen gestrickt.
- (Optional) Um die obere Kante schön elastisch zu machen, kannst Du nach der ersten M jeder Reihe (HR und RR) einen Umschlag einfügen und diesen in der Folgereihe direkt wieder fallen lassen.
- Achte in Abschnitt 1 darauf, möglichst locker zu arbeiten. Die auf der Rückseite verlaufenden Spannfäden dürfen nicht zu fest verlaufen.
- Maschen werden immer wie zum links stricken abgehoben.
- Falls Du lieber nach Strickschrift arbeitest, findest Du diese auf Seite 114.

YARN

*Sun Valley Fibers MCS 75/15/10 Fingering
(75 % Merino, 15 % Cashmere, 10 % Silk;
100 g / 400 yds [366 m])*

- *1 skein in "Kent" (color A)
  87 g / 348 yds [314 m] used for sample*
- *1 skein in "Tequila Sunrise" (color B)
  51 g / 204 yds [184 m] used for sample*
- *1 skein in "Spruce" (color C)
  97 g / 388 yds [350 m] used for sample*

NEEDLES

- *US 5 [3.75 mm] circular needles
  or size to obtain gauge*

GAUGE

*10 sts x 14 rows = 2 x 2“ [5 x 5 cm]
in Section 1 pattern stitch, blocked*

NOTIONS

- *2 stitch markers*

FINISHED MEASUREMENTS

*86.5“ [220 cm] wingspan along top edge
and 27.5“ [70 cm] deep*

NOTES

- *All Paths Lead Home is worked down and out from the center of the top edge.*
- *(Optional) For making the upper edge nice and stretchy to wear against your neck, you can add a yarn over after the very first stitch of every row (RS and WS) and then drop it again on the following row.*
- *When working Section 1, take care to make the strands loose enough to prevent the fabric from getting too dense.*
- *Stitches are always slipped purlwise.*
- *If you prefer working from a chart, you'll find one on page 114.*

DEFINITIONEN

ABSCHNITT 1

Mit Farbe A

Reihe 1 (HR): 1 re, kfb, [1 re, 1 abh (Fh)] wiederholen bis 1 M vor dem MM, 1 re, M1R, MA, 1 re, MA, M1L, [1 re, 1 abh (Fh)] wiederholen bis zu den letzten 3 M, 1 re, kfb, 1 re (4 M zugenommen)

Reihe 2: 1 re, kfb, [1 abh (Fv), 1 li] wiederholen bis 1 M vor dem MM, 1 abh (Fv), MA, 1 li, MA, [1 abh (Fv), 1 li] wiederholen bis zu den letzten 3 M, 1 abh (Fv), kfb, 1 re (2 M zugenommen)

Mit Farbe B

Reihe 3: 1 re, kfb, [1 abh (Fh), 1 re] wiederholen bis zum MM, M1R, MA, 1 abh (Fh), MA, M1L, [1 re, 1 abh (Fh)] wiederholen bis zu den letzten 2 M, kfb, 1 re (4 M zugenommen)

Reihe 4: 1 re, kfb, [1 li, 1 abh (Fv)] wiederholen bis zum MM, MA, 1 abh (Fv), MA, [1 abh (Fv), 1 li] wiederholen bis zu den letzten 2 M, kfb, 1 re (2 M zugenommen)

ABSCHNITT 2

Mit Farbe A

Reihe 1 (HR): 1 re, kfb, re bis zum MM, M1R, MA, 1 re, MA, M1L, re bis zu den letzten 2 M, kfb, 1 re (4 M zugenommen)

Reihe 2: 1 re, kfb, re bis zum MM, MA, 1 re, MA, re bis zu den letzten 2 M, kfb, 1 re (2 M zugenommen)

ABSCHNITT 3

Mit Farbe C

Reihe 1 (HR): 1 re, kfb, [U, cdd, U, 3 re] wiederholen bis 3 M vor dem MM, U, cdd, U, M1R, MA, 1 re, MA, M1L, [U, cdd, U, 3 re] wiederholen bis zu den letzten 5 M, U, cdd, U, kfb, 1 re (4 M zugenommen)

Reihe 2 und alle geraden Reihen: 1 re, kfb, li bis zum MM, MA, 1 li, MA, li bis zu den letzten 2 M, kfb, 1 re (2 M zugenommen)

DEFINITIONS

SECTION 1

With color A

***Row 1 (RS):** k1, kfb, [k1, sl 1 wyib] repeat to 1 st before marker, k1, M1R, sm, k1, sm, M1L, [k1, sl 1 wyib] repeat to last 3 sts, k1, kfb, k1 (4 sts increased)*

***Row 2:** k1, kfb, [sl 1 wyif, p1] repeat to 1 st before marker, sl 1 wyif, sm, p1, sm, [sl 1 wyif, p1] repeat to last 3 sts, sl 1 wyif, kfb, k1 (2 sts increased)*

With color B

***Row 3:** k1, kfb, [sl 1 wyib, k1] repeat to marker, M1R, sm, sl 1 wyib, sm, M1L, [k1, sl 1 wyib] repeat to last 2 sts, kfb, k1 (4 sts increased)*

***Row 4:** k1, kfb, [p1, sl 1 wyif] repeat to marker, sm, sl 1 wyif, sm, [sl 1 wyif, p1] repeat to last 2 sts, kfb, k1 (2 sts increased)*

SECTION 2

With color A

***Row 1 (RS):** k1, kfb, k to marker, M1R, sm, k1, sm, M1L, k to last 2 sts, kfb, k1 (4 sts increased)*

***Row 2:** k1, kfb, k to marker, sm, k1, sm, k to last 2 sts, kfb, k1 (2 sts increased)*

SECTION 3

With color C

***Row 1 (RS):** k1, kfb, [yo, cdd, yo, k3] repeat to 3 sts before marker, yo, cdd, yo, M1R, sm, k1, sm, M1L, [yo, cdd, yo, k3] repeat to last 5 sts, yo, cdd, yo, kfb, k1 (4 sts increased)*

***Row 2 and all WS rows:** k1, kfb, p to marker, sm, p1, sm, p to last 2 sts, kfb, k1 (2 sts increased)*

DREI FARBEN KOMBINIEREN

Ist Dir schon einmal aufgefallen, wie einfach es ist, drei zueinander passende Farben zu finden? Ehrlich – probier' es einfach selbst einmal aus! Wenn Deine Wollvorräte groß genug sind, einfach zu Hause und sonst beim nächsten Wolleinkauf direkt im Geschäft: Greif' Dir blind zwei Stränge heraus.

- Wenn beide knallige Farben sind, dann suche Dir eine dritte, die eher neutral ist.
- Hast Du eine neutrale und eine kräftige Farbe, dann schau sie Dir kurz an und folge dann Deiner allerersten Intuition, um die dritte zu bestimmen
- Hast Du zwei neutrale Farben gewählt, ist bei der dritten einfach alles erlaubt!

Ich habe das oft genau so gemacht und meist überrascht mich das Ergebnis positiv – wie bei All Paths Lead Home. Man verlässt auf jeden Fall einmal die Komfortzone und erhält so völlig neue Ideen.

COMBINING THREE COLORS

Have you ever noticed how easy it is to find three coordinating colors? Seriously – try it yourself! If you have enough stash, look around your house or try it the next time you go shopping at the yarn store. Without looking, pick out two hanks of yarn.

- *If both are vibrant colors, then look for a third color that is more neutral.*
- *If you have one neutral and one vibrant color, look at them for a second and then follow your initial instincts to determine the third color.*
- *If you picked two neutral colors, anything goes for the third color!*

I have done it exactly this way many times and most of the time I was pleasantly surprised by the outcome – as was the case with All Paths Lead Home. You get to leave your comfort zone and that generates completely new concepts.

Reihe 3: 1 re, kfb, 2 re, [3 re, U, cdd, U] wiederholen bis 4 M vor dem MM, 4 re, M1R, MA, 1 re, MA, M1L, 1 re, [3 re, U, cdd, U] wiederholen bis zu den letzten 7 M, 5 re, kfb, 1 re (4 M zugenommen)
Reihe 5: 1 re, kfb, 4 re, [U, cdd, U, 3 re] wiederholen bis 5 M vor dem MM, U, cdd, U, 2 re, M1R, MA, 1 re, MA, M1L, 2 re, [U, cdd, U, 3 re] wiederholen bis zu den letzten 3 M, 1 re, kfb, 1 re (4 M zugenommen)
Reihe 7: 1 re, kfb, [3 re, U, cdd, U] wiederholen bis zum MM, M1R, MA, 1 re, MA, M1L, U, cdd, U, [3 re, U, cdd, U] wiederholen bis zu den letzten 5 M, 3 re, kfb, 1 re (4 M zugenommen)
Reihe 9: 1 re, kfb, 2 re, [U, cdd, U, 3 re] wiederholen bis 1 M vor dem MM, 1 re, M1R, MA, 1 re, MA, M1L, 4 re, [U, cdd, U, 3 re] wiederholen bis zu den letzten 7 M, U, cdd, U, 2 re, kfb, 1 re (4 M zugenommen)
Reihe 11: 1 re, kfb, 1 re, U, cdd, U, [3 re, U, cdd, U] wiederholen bis 2 M vor dem MM, 2 re, M1R, MA, 1 re, MA, M1L, 2 re, U, cdd, U, [3 re, U, cdd, U] wiederholen bis zu den letzten 3 M, 1 re, kfb, 1 re (4 M zugenommen)
Reihe 12: wie Reihe 2 (2 M zugenommen)

Row 3: *k1, kfb, k2, [k3, yo, cdd, yo] repeat to 4 sts before marker, k4, M1R, sm, k1, sm, M1L, k1, [k3, yo, cdd, yo] repeat to last 7 sts, k5, kfb, k1 (4 sts increased)*
Row 5: *k1, kfb, k4, [yo, cdd, yo, k3] repeat to 5 sts before marker, yo, cdd, yo, k2, M1R, sm, k1, sm, M1L, k2, [yo, cdd, yo, k3] repeat to last 3 sts, k1, kfb, k1 (4 sts increased)*
Row 7: *k1, kfb, [k3, yo, cdd, yo] repeat to marker, M1R, sm, k1, sm, M1L, yo, cdd, yo, [k3, yo, cdd, yo] repeat to last 5 sts, k3, kfb, k1 (4 sts increased)*
Row 9: *k1, kfb, k2, [yo, cdd, yo, k3] repeat to 1 st before marker, k1, M1R, sm, k1, sm, M1L, k4, [yo, cdd, yo, k3] repeat to last 7 sts, yo, cdd, yo, k2, kfb, k1 (4 sts increased)*
Row 11: *k1, kfb, k1, yo, cdd, yo, [k3, yo, cdd, yo] repeat to 2 sts before marker, k2, M1R, sm, k1, sm, M1L, k2, yo, cdd, yo, [k3, yo, cdd, yo] repeat to last 3 sts, k1, kfb, k1 (4 sts increased)*
Row 12: *same as row 2 (2 sts increased)*

LOS GEHT'S

„GARTER TAB" MASCHENANSCHLAG

Mit Farbe A 2 M anschlagen, 6 Reihen kraus re str und nicht wenden. Die Arbeit um 90° im Uhrzeigersinn drehen und an der Seitenkante 3 M aufnehmen und direkt re str. Die Arbeit erneut um 90° drehen und 2 M an der Anschlagkante aufnehmen und direkt re str (7 M).

VORBEREITUNG

Reihe 1 (HR): 1 re, kfb, 3 re, kfb, 1 re (2 M zugenommen ‖ 9 M)
Reihe 2: 1 re, kfb, 2 li, MS, 1 li, MS, 2 li, kfb, 1 re (2 M zugenommen ‖ 11 M)

START HERE

GARTER TAB CAST-ON

With color A, cast on 2 sts using the long-tail cast-on method. Knit 6 rows. Turn work 90° clock-wise and pick up and knit 3 sts along the edge, one in each garter ridge. Turn work 90° clock-wise and pick up and knit 2 sts along the cast-on edge (7 sts).

SET-UP

Row 1 (RS): *k1, kfb, k3, kfb, k1 (2 sts increased ‖ 9 sts)*
Row 2: *k1, kfb, p2, pm, p1, pm, p2, kfb, k1 (2 sts increased ‖ 11 sts)*

TUCH BEGINNEN

Abschnitt 1 einmal arbeiten (12 M zugenommen ‖ 23 M)
Abschnitt 2 zweimal arbeiten (12 M zugenommen ‖ 35 M)
Abschnitt 1 zweimal arbeiten (24 M zugenommen ‖ 59 M)
Abschnitt 2 zweimal arbeiten (12 M zugenommen ‖ 71 M)
Abschnitt 1 dreimal arbeiten (36 M zugenommen ‖ 107 M)
Abschnitt 2 zweimal arbeiten (12 M zugenommen ‖ 119 M)
Abschnitt 1 viermal arbeiten (48 M zugenommen ‖ 167 M)
Abschnitt 2 zweimal arbeiten (12 M zugenommen ‖ 179 M)
Abschnitt 1 fünfmal arbeiten (60 M zugenommen ‖ 239 M)
Abschnitt 2 zweimal arbeiten (12 M zugenommen ‖ 251 M)
Abschnitt 1 sechsmal arbeiten (72 M zugenommen ‖ 323 M)
Abschnitt 2 zweimal arbeiten (12 M zugenommen ‖ 335 M)
Abschnitt 1 siebenmal arbeiten (84 M zugenommen ‖ 419 M)
Abschnitt 2 zweimal arbeiten (12 M zugenommen ‖ 431 M)
Abschnitt 3 einmal arbeiten (36 M zugenommen ‖ 467 M)
Abschnitt 2 einmal arbeiten, dabei die kfb Zunahmen in der RR als normale rechte M str (4 M zugenommen ‖ 471 M)
Abschnitt 1 zweimal arbeiten (24 M zugenommen ‖ 495 M)
Abschnitt 2 einmal arbeiten, dabei die kfb Zunahmen in der RR als kfbf Zunahmen arbeiten (8 M zugenommen ‖ 503 M)
Abschnitt 3 einmal arbeiten (36 M zugenommen ‖ 539 M), danach Reihen 1-10 von Abschnitt 3 noch einmal (30 M zugenommen ‖ 569 M)

ABKETTEN

Reihe 1 (HR): 1 re, [1 re, 2 M zurück auf die linke Nadel schieben, 2 M re verschr zus.str] wiederholen bis zum Ende

ABSCHLUSS

Faden abschneiden und durch die letzte M ziehen. Fäden vernähen, das Tuch dann in kaltem Wasser kurz einweichen lassen und zum Trocknen locker aufspannen.

BEGIN SHAWL

Work 1 repeat of Section 1 (12 sts increased ‖ 23 sts)
Work 2 repeats of Section 2 (12 sts increased ‖ 35 sts)
Work 2 repeats of Section 1 (24 sts increased ‖ 59 sts)
Work 2 repeats of Section 2 (12 sts increased ‖ 71 sts)
Work 3 repeats of Section 1 (36 sts increased ‖ 107 sts)
Work 2 repeats of Section 2 (12 sts increased ‖ 119 sts)
Work 4 repeats of Section 1 (48 sts increased ‖ 167 sts)
Work 2 repeats of Section 2 (12 sts increased ‖ 179 sts)
Work 5 repeats of Section 1 (60 sts increased ‖ 239 sts)
Work 2 repeats of Section 2 (12 sts increased ‖ 251 sts)
Work 6 repeats of Section 1 (72 sts increased ‖ 323 sts)
Work 2 repeats of Section 2 (12 sts increased ‖ 335 sts)
Work 7 repeats of Section 1 (84 sts increased ‖ 419 sts)
Work 2 repeats of Section 2 (12 sts increased ‖ 431 sts)
Work 1 repeat of Section 3 (36 sts increased ‖ 467 sts)
Work 1 repeat of Section 2, working both kfb sts on the WS row as normal k sts (4 sts increased ‖ 471 sts)
Work 2 repeats of Section 1 (24 sts increased ‖ 495 sts)
Work 1 repeat of Section 2, working both kfb sts on the WS row as kfbf sts (8 sts increased ‖ 503 sts)
Work 1 repeat of Section 3 (36 sts increased ‖ 539 sts), then work rows 1-10 of Section 3 (30 sts increased ‖ 569 sts)

BIND-OFF

Row 1 (RS): *k1, [k1, sl 2 sts back to left needle, k2tog-tbl] repeat to end*

FINISHING

Cut yarn and pull through last st. Weave in and secure all ends, wash and block to final measurements.

EIFELGOLD

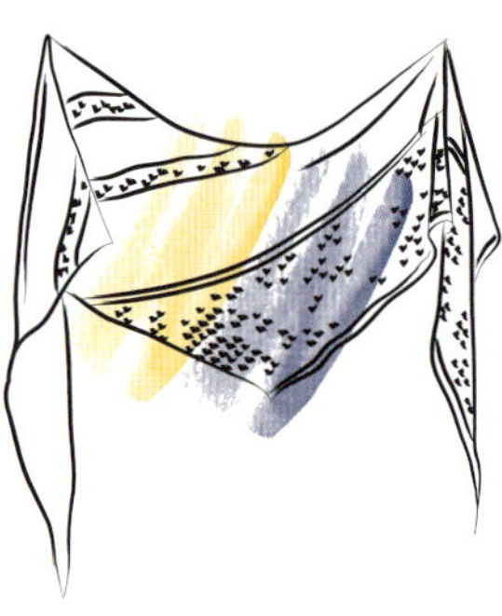

Geschmolzenes Gold und Vulkangrau geben Eifelgold seinen Namen – zu diesem Tuch hat mich die Eifel inspiriert, ein uraltes Vulkangebiet in meiner Heimat.

Mit seinem ansprechenden zweifarbigen Muster ist dieses asymmetrische Tuch genauso besonders wie die Eifel selbst.

Einfaches „kraus rechts" wechselt sich mit einem auffälligen Mosaikmuster ab – und es ist viel einfacher zu stricken, als man denken könnte. Schließlich strickt man jede Reihe in immer nur einer Farbe.

Das Originalgarn ist Cheeky Merino Joy von Rosy Green Wool – wunderbar weich, angenehm und GOTS zertifiziert.

Shades of molten gold and volcanic gray give Eifelgold its name – the design takes inspiration from a volcanic area, Eifel, near my home.

This two-colored asymmetrical triangular shawl is as special as the Eifel itself.

Sections of garter stitch mix with a striking mosaic pattern that's much easier to knit than it looks, since you'll only be working one color at a time.

The yarn is Cheeky Merino Joy from Rosy Green Wool, a soft and cushy GOTS-certified organic Merino.

EIFELGOLD

GARN

Rosy Green Wool Cheeky Merino Joy
(100 % Bio-Merino; 100 g / 350 yds [320 m])

- 2 Stränge in „Cornwall Schiefer“ (Farbe A)
  192 g / 672 yds [615 m] Verbrauch
- 1 Strang in „Sonnenblume“ (Farbe B)
  73 g / 256 yds [234 m] Verbrauch

NADELN

- US 4 [3.50 mm] Rundstricknadel für das Tuch
- US 6 [4.00 mm] Rundstricknadel oder Nadel aus einem Nadelspiel für den I-Cord Rand
  oder entsprechend der Maschenprobe

MASCHENPROBE

11 M x 20 R = 2 x 2“ [5 x 5 cm]
kraus rechts auf kleineren Nadeln, gespannt

MASSE

90.5“ [230 cm] entlang der oberen Kante
und 23.5“ [60 cm] tief

HINWEISE

- Eifelgold wird in Reihen von der linken Spitze bis zur rechten Kante gestrickt.
- (Optional) Um die obere Kante schön elastisch zu machen, kannst Du nach der ersten M jeder RR einen Umschlag einfügen und diesen in der folgenden HR direkt wieder fallen lassen.
- Maschen werden immer wie zum links stricken abgehoben.
- Falls Du lieber nach Strickschrift arbeitest, findest Du diese auf Seite 114.

YARN

Rosy Green Wool Cheeky Merino Joy
(100 % organic Merino; 100 g / 350 yds [320 m])

- *2 skeins in "Cornish Slate" (color A)*
  192 g / 672 yds [615 m] used for sample
- *1 skein in "Sunflower" (color B)*
  73 g / 256 yds [234 m] used for sample

NEEDLES

- *US 4 [3.50 mm] circular needles for the shawl*
- *US 6 [4.00 mm] circular or double pointed needles for the bind-off*
  or size to obtain gauge

GAUGE

11 sts x 20 rows = 2 x 2“ [5 x 5 cm]
in garter stitch on smaller needles, blocked

FINISHED MEASUREMENTS

90.5“ [230 cm] wingspan along top edge
and 23.5“ [60 cm] deep

NOTES

- *Eifelgold is worked flat from the upper left tip towards the right edge.*
- *(Optional) For making the upper edge nice and stretchy to wear against your neck, you can add a yarn over after the very first stitch of each WS row and then drop it again on the following RS row.*
- *Stitches are always slipped purlwise.*
- *If you prefer working from a chart, you'll find one on page 114.*

DEFINITIONEN

ABSCHNITT 1

Mit Farbe A

Reihe 1 (HR): 1 re, 2 M re zus.str, re bis zu den letzten 2 M, kfbf, 1 re (1 M zugenommen)
Reihe 2: re bis zum Ende
Reihen 3-4: wie Reihen 1-2 (1 M zugenommen)
Reihe 5: re bis zu den letzten 2 M, kfbf, 1 re (2 M zugenommen)
Reihe 6: re bis zum Ende

ABSCHNITT 2

Mit Farbe B

Reihe 1 (HR): 1 re, 2 M re zus.str, re bis zu den letzten 2 M, kfbf, 1 re (1 M zugenommen)
Reihe 2: re bis zum Ende

Mit Farbe A

Reihe 3: 1 abh (Fh), 2 M re zus.str, 2 re, 1 abh (Fh), 1 re, 1 abh (Fh), 1 re, [2 re, 1 abh (Fh), 3 re, 1 abh (Fh), 1 re, 1 abh (Fh), 1 re] wiederholen bis zu den letzten 4 M, 2 re, 1 abh (Fh), kfbf (1 M zugenommen)
Reihen 4, 6, 8, 10, 12, 14 und 16: alle M, die in derselben Farbe erscheinen, mit der Du gerade strickst, re abstricken, die anderen abh (Fv)

Mit Farbe B

Reihe 5: 1 re, 2 M re zus.str, 4 re, 1 abh (Fh), [1 re, 1 abh (Fh), 7 re, 1 abh (Fh)] wiederholen bis zu den letzten 6 M, 1 re, 1 abh (Fh), 2 re, kfbf, 1 re (1 M zugenommen)

DEFINITIONS

SECTION 1

With color A

Row 1 (RS): *k1, k2tog, k to last 2 sts, kfbf, k1 (1 st increased)*
Row 2: *k to end*
Rows 3-4: *same as rows 1-2 (1 st increased)*
Row 5: *k to last 2 sts, kfbf, k1 (2 sts increased)*
Row 6: *k to end*

SECTION 2

With color B

Row 1 (RS): *k1, k2tog, k to last 2 sts, kfbf, k1 (1 st increased)*
Row 2: *k to end*

With color A

Row 3: *sl 1 wyib, k2tog, k2, sl 1 wyib, k1, sl 1 wyib, k1, [k2, sl 1 wyib, k3, sl 1 wyib, k1, sl 1 wyib, k1] repeat to last 4 sts, k2, sl 1 wyib, kfbf (1 st increased)*
Rows 4, 6, 8, 10, 12, 14 and 16: *k all sts that appear in the same color you're currently working with right now, sl the others wyif*

With color B

Row 5: *k1, k2tog, k4, sl 1 wyib, [k1, sl 1 wyib, k7, sl 1 wyib] repeat to last 6 sts, k1, sl 1 wyib, k2, kfbf, k1 (1 st increased)*

Mit Farbe A

Reihe 7: 1 abh (Fh), 2 M re zus.str, 2 re, 1 abh (Fh), 1 re, [2 re, 1 abh (Fh), 1 re, 1 abh (Fh), 3 re, 1 abh (Fh), 1 re] wiederholen bis zu den letzten 8 M, 2 re, 1 abh (Fh), 1 re, 1 abh (Fh), 1 re, kfbf, 1 re (1 M zugenommen)

Mit Farbe B

Reihe 9: 1 re, 2 M re zus.str, 1 abh (Fh), 2 re, [5 re, 1 abh (Fh), 1 re, 1 abh (Fh), 2 re] wiederholen bis zu den letzten 10 M, 5 re, 1 abh (Fh), 1 re, 1 abh (Fh), kfbf, 1 re (1 M zugenommen)

Mit Farbe A

Reihe 11: 1 re, 2 M re zus.str, 1 abh (Fh), 1 re, [1 abh (Fh), 3 re, 1 abh (Fh), 3 re, 1 abh (Fh), 1 re] wiederholen bis zu den letzten 2 M, 1 abh (Fh), kfbf (1 M zugenommen)

Mit Farbe B

Reihe 13: 1 re, 2 M re zus.str, 1 re, [1 re, 1 abh (Fh), 1 re, 1 abh (Fh), 6 re] wiederholen bis zu den letzten 4 M, 1 re, 1 abh (Fh), kfbf, 1 re (1 M zugenommen)

Mit Farbe A

Reihe 15: 1 re, 2 M re zus.str, [1 abh (Fh), 3 re, 1 abh (Fh), 1 re, 1 abh (Fh), 3 re] wiederholen bis zu den letzten 6 M, 1 abh (Fh), 3 re, 1 abh (Fh), kfbf (1 M zugenommen)

Mit Farbe B

Reihe 17: re bis zu den letzten 2 M, kfbf, 1 re (2 M zugenommen)
Reihe 18: re bis zum Ende

With color A

Row 7: *sl 1 wyib, k2tog, k2, sl 1 wyib, k1, [k2, sl 1 wyib, k1, sl 1 wyib, k3, sl 1 wyib, k1] repeat to last 8 sts, k2, sl 1 wyib, k1, sl 1 wyib, k1, kfbf, k1 (1 st increased)*

With color B

Row 9: *k1, k2tog, sl 1 wyib, k2, [k5, sl 1 wyib, k1, sl 1 wyib, k2] repeat to last 10 sts, k5, sl 1 wyib, k1, sl 1 wyib, kfbf, k1 (1 st increased)*

With color A

Row 11: *k1, k2tog, sl 1 wyib, k1, [sl 1 wyib, k3, sl 1 wyib, k3, sl 1 wyib, k1] repeat to last 2 sts, sl 1 wyib, kfbf (1 st increased)*

With color B

Row 13: *k1, k2tog, k1, [k1, sl 1 wyib, k1, sl 1 wyib, k6] repeat to last 4 sts, k1, sl 1 wyib, kfbf, k1 (1 st increased)*

With color A

Row 15: *k1, k2tog, [sl 1 wyib, k3, sl 1 wyib, k1, sl 1 wyib, k3] repeat to last 6 sts, sl 1 wyib, k3, sl 1 wyib, kfbf (1 st increased)*

With color B

Row 17: *k to last 2 sts, kfbf, k1 (2 sts increased)*
Row 18: *k to end*

ABSCHNITT 3

Mit Farbe B

Reihe 1 (HR): 1 re, 2 M re zus.str, 2 re, 1 abh (Fh), 1 re, 1 abh (Fh), 4 re, [3 re, 1 abh (Fh), 1 re, 1 abh (Fh), 4 re] wiederholen bis zu den letzten 2 M, ktbt, 1 re (1 M zugenommen)

Reihen 2, 4, 6, 8, 10, 12, 14, 16, 18 und 20: alle M, die in derselben Farbe erscheinen, mit der Du gerade strickst, re abstricken, die anderen abh (Fv)

Mit Farbe A

Reihe 3: 1 re, 2 M re zus.str, 1 abh (Fh), 3 re, 1 abh (Fh), 1 re, 1 abh (Fh), 1 re, [2 re, 1 abh (Fh), 3 re, 1 abh (Fh), 1 re, 1 abh (Fh), 1 re] wiederholen bis zu den letzten 4 M, 2 re, 1 abh (Fh), kfbf (1 M zugenommen)

Mit Farbe B

Reihe 5: 1 abh (Fh), 2 M re zus.str, 6 re, 1 abh (Fh), [1 re, 1 abh (Fh), 7 re, 1 abh (Fh)] wiederholen bis zu den letzten 6 M, 1 re, 1 abh (Fh), 2 ro, kfbf, 1 ro (1 M zugonommon)

Mit Farbe A

Reihe 7: 1 re, 2 M re zus.str, 1 abh (Fh), 3 re, 1 abh (Fh), 1 re, [2 re, 1 abh (Fh), 1 re, 1 abh (Fh), 3 re, 1 abh (Fh), 1 re] wiederholen bis zu den letzten 8 M, 2 re, 1 abh (Fh), 1 re, 1 abh (Fh), 1 re, kfbf, 1 re (1 M zugenommen)

Mit Farbe B

Reihe 9: 1 re, 2 M re zus.str, 1 abh (Fh), 1 re, 1 abh (Fh), 2 re, [5 re, 1 abh (Fh), 1 re, 1 abh (Fh), 2 re] wiederholen bis zu den letzten 10 M, 5 re, 1 abh (Fh), 1 re, 1 abh (Fh), kfbf, 1 re (1 M zugenommen)

SECTION 3

With color B

***Row 1 (RS):** k1, k2tog, k2, sl 1 wyib, k1, sl 1 wyib, k4, [k3, sl 1 wyib, k1, sl 1 wyib, k4] repeat to last 2 sts, kfbf, k1 (1 st increased)*

***Rows 2, 4, 6, 8, 10, 12, 14, 16, 18 and 20:** k all sts that appear in the same color you're currently working with right now, sl the others wyif*

With color A

***Row 3:** k1, k2tog, sl 1 wyib, k3, sl 1 wyib, k1, sl 1 wyib, k1, [k2, sl 1 wyib, k3, sl 1 wyib, k1, sl 1 wyib, k1] repeat to last 4 sts, k2, sl 1 wyib, kfbf (1 st increased)*

With color B

***Row 5:** sl 1 wyib, k2tog, k6, sl 1 wyib, [k1, sl 1 wyib, k7, sl 1 wyib] repeat to last 6 sts, k1, sl 1 wyib, k2, kfbf, k1 (1 st increased)*

With color A

***Row 7:** k1, k2tog, sl 1 wyib, k3, sl 1 wyib, k1, [k2, sl 1 wyib, k1, sl 1 wyib, k3, sl 1 wyib, k1] repeat to last 8 sts, k2, sl 1 wyib, k1, sl 1 wyib, k1, kfbf, k1 (1 st increased)*

With color B

***Row 9:** k1, k2tog, sl 1 wyib, k1, sl 1 wyib, k2, [k5, sl 1 wyib, k1, sl 1 wyib, k2] repeat to last 10 sts, k5, sl 1 wyib, k1, sl 1 wyib, kfbf, k1 (1 st increased)*

MOSAIKMUSTER

Mosaik ist eine meiner liebsten Techniken beim Stricken – man erhält wunderschöne Ergebnisse, ohne viel Konzentration hineinstecken zu müssen.
Beim Mosaikstricken wird immer nur mit einer Farbe pro Reihe gearbeitet. Man muss also nicht besonders auf Fadenspannung achten oder mehr als eine Farbe pro Hand halten.
Manche Maschen werden gestrickt, manche werden abgehoben, und nach jeder Rückreihe wird die Farbe gewechselt – das ist auch schon das ganze Geheimnis.
Gerade bei Mosaikmustern empfehle ich immer, eine Maschenprobe zu machen – üblicherweise werden nämlich beide Farben zu etwa gleichen Teilen verstrickt. Deshalb fällt es bei den komplexen geometrischen Formen, die sich ergeben können, einfach schwer, vorab schon zu sagen, wie genau das Ergebnis aussehen wird. Eine kleine Maschenprobe ist schnell gemacht und gibt Sicherheit – besonders, wenn die beiden Farbtöne so kontrastreich sind wie bei Eifelgold.

MOSAIC PATTERNS

Mosaic patterns are one of my favorite knitting techniques – they provide amazing results without having to concentrate too much.
When knitting a mosaic pattern, you work with only one color in each row. Therefore, you don't have to pay extra attention to the yarn tension or need to carry more than one color in your hands.
Some stitches are knit, some are slipped and after every wrong side row you switch colors – and that is all there is to it.
I recommend knitting a swatch when working mosaic patterns – usually you will need equal amounts of the yarn colors. With more complex, geometric shapes, it may be more difficult to determine in advance what the outcome will look like. A small swatch knits up quickly and gives you some security – particularly if the two colors are so rich in contrast as in Eifelgold.

Mit Farbe A

Reihe 11: 1 abh (Fh), 2 M re zus.str, 2 re, 1 abh (Fh), 1 re, [1 abh (Fh), 3 re, 1 abh (Fh), 3 re, 1 abh (Fh), 1 re] wiederholen bis zu den letzten 2 M, 1 abh (Fh), kfbf (1 M zugenommen)

Mit Farbe B

Reihe 13: 1 re, 2 M re zus.str, 3 re, [1 re, 1 abh (Fh), 1 re, 1 abh (Fh), 6 re] wiederholen bis zu den letzten 4 M, 1 re, 1 abh (Fh), kfbf, 1 re (1 M zugenommen)

Mit Farbe A

Reihe 15: 1 abh (Fh), 2 M re zus.str, 2 re, [1 abh (Fh), 3 re, 1 abh (Fh), 1 re, 1 abh (Fh), 3 re] wiederholen bis zu den letzten 6 M, 1 abh (Fh), 3 re, 1 abh (Fh), kfbf (1 M zugenommen)

Mit Farbe B

Reihe 17: 1 re, 2 M re zus.str, 1 abh (Fh), [7 re, 1 abh (Fh), 1 re, 1 abh (Fh)] wiederholen bis zu den letzten 8 M, 6 re, kfbf, 1 re (1 M zugenommen)

Mit Farbe A

Reihe 19: 1 re, 2 M re zus.str, [1 abh (Fh), 1 re, 1 abh (Fh), 3 re, 1 abh (Fh), 3 re] wiederholen bis zu den letzten 10 M, 1 abh (Fh), 1 re, 1 abh (Fh), 3 re, 1 abh (Fh), 1 re, kfbf, 1 re (1 M zugenommen)

With color A

Row 11: *sl 1 wyib, k2tog, k2, sl 1 wyib, k1, [sl 1 wyib, k3, sl 1 wyib, k3, sl 1 wyib, k1] repeat to last 2 sts, sl 1 wyib, kfbf (1 st increased)*

With color B

Row 13: *k1, k2tog, k3, [k1, sl 1 wyib, k1, sl 1 wyib, k6] repeat to last 4 sts, k1, sl 1 wyib, kfbf, k1 (1 st increased)*

With color A

Row 15: *sl 1 wyib, k2tog, k2, [sl 1 wyib, k3, sl 1 wyib, k1, sl 1 wyib, k3] repeat to last 6 sts, sl 1 wyib, k3, sl 1 wyib, kfbf (1 st increased)*

With color B

Row 17: *k1, k2tog, sl 1 wyib, [k7, sl 1 wyib, k1, sl 1 wyib] repeat to last 8 sts, k6, kfbf, k1 (1 st increased)*

With color A

Row 19: *k1, k2tog, [sl 1 wyib, k1, sl 1 wyib, k3, sl 1 wyib, k3] repeat to last 10 sts, sl 1 wyib, k1, sl 1 wyib, k3, sl 1 wyib, k1, kfbf, k1 (1 st increased)*

LOS GEHT'S

MASCHENANSCHLAG

Mit kleineren Nadeln 8 M in Farbe A elastisch anschlagen.

VORBEREITUNG

Vorbereitungsreihe (RR): re bis zum Ende (8 M)

TUCH BEGINNEN

Abschnitt 1 einundzwanzig mal arbeiten (84 M zugenommen ‖ 92 M)
Abschnitt 2 einmal arbeiten (10 M zugenommen ‖ 102 M)
Abschnitt 1 fünfmal arbeiten (20 M zugenommen ‖ 122 M)
Abschnitt 2 einmal arbeiten (10 M zugenommen ‖ 132 M)
Abschnitt 1 fünfmal arbeiten (20 M zugenommen ‖ 152 M)
Abschnitt 2 einmal arbeiten (10 M zugenommen ‖ 162 M)
Abschnitt 1 zehnmal arbeiten (40 M zugenommen ‖ 202 M)
Reihen 1-2 von Abschnitt 1 einmal in Farbe B arbeiten (1 M zugenommen ‖ 203 M)
Reihen 1-2 von Abschnitt 1 einmal in Farbe A arbeiten (1 M zugenommen ‖ 204 M)
Reihen 1-2 von Abschnitt 1 einmal in Farbe B arbeiten (1 M zugenommen ‖ 205 M)
(Hinweis: Du brauchst etwa 8 g von Farbe A für die letzten Reihen nach Abschnitt 3. Wenn Du weniger hast, hör' einfach etwas früher mit diesem Abschnitt auf – das kannst Du nach jeder Reihe 4, 8, 12, 16 oder 20 tun. Außerdem kannst Du, falls Du den zusätzlichen Umschlag entlang der oberen Kante verwendet hast, diesen ab sofort auslassen.)

START HERE

CAST-ON

With smaller needles and color A, cast on 8 sts using the long-tail cast-on method.

SET-UP

Set-up row (WS): *k to end (8 sts)*

BEGIN SHAWL

Work 21 repeats of Section 1 (84 sts increased ‖ 92 sts)
Work 1 repeat of Section 2 (10 sts increased ‖ 102 sts)
Work 5 repeats of Section 1 (20 sts increased ‖ 122 sts)
Work 1 repeat of Section 2 (10 sts increased ‖ 132 sts)
Work 5 repeats of Section 1 (20 sts increased ‖ 152 sts)
Work 1 repeat of Section 2 (10 sts increased ‖ 162 sts)
Work 10 repeats of Section 1 (40 sts increased ‖ 202 sts)
With color B, work rows 1-2 of Section 1 (1 st increased ‖ 203 sts)
With color A, work rows 1-2 of Section 1 (1 st increased ‖ 204 sts)
With color B, work rows 1-2 of Section 1 (1 st increased ‖ 205 sts)
(Note: You'll need approximately 8 g of color A for the last few rows after Section 3. If you run short, simply stop that section earlier. You can stop any time after row 4, 8, 12, 16 or 20. Also, in case you've worked the yarn over for a stretchy upper edge, you might want to stop that from now on.)

Reihen 3-20 von Abschnitt 3 einmal arbeiten (9 M zugenommen ‖ 214 M)
Abschnitt 3 dreimal arbeiten (30 M zugenommen ‖ 244 M), dann Reihen 1-12 von Abschnitt 3 noch einmal (6 M zugenommen ‖ 250 M)
Reihen 5-6 von Abschnitt 1 einmal in Farbe B arbeiten (2 M zugenommen ‖ 252 M)
Reihen 1-2 von Abschnitt 1 einmal in Farbe A arbeiten (1 M zugenommen ‖ 253 M)
Reihen 1-2 von Abschnitt 1 einmal in Farbe B arbeiten (1 M zugenommen ‖ 254 M)
Reihen 5-6 von Abschnitt 1 einmal in Farbe A arbeiten (2 M zugenommen ‖ 256 M), dann Reihen 1-2 noch einmal (1 M zugenommen ‖ 257 M)
Reihen 1-2 von Abschnitt 1 einmal in Farbe B arbeiten (1 M zugenommen ‖ 258 M)

I-CORD KANTE

Auf die größeren Nadeln wechseln.

Mit Farbe B

Reihe 1 (HR): 3 M durch Aufstricken anschlagen, [2 re, 2 M re verschr zus.str, 3 M zurück auf die linke Nadel schieben] wiederholen bis zu den letzten 3 M. Diese verschr zus.str.

ABSCHLUSS

Faden abschneiden und durch die letzte M ziehen. Fäden vernähen, das Tuch dann in kaltem Wasser kurz einweichen lassen und zum Trocknen locker aufspannen.

Work rows 3-20 of Section 3 (9 sts increased ‖ 214 sts)
Work 3 repeats of Section 3 (30 sts increased ‖ 244 sts), then work rows 1-12 of Section 3 once more (6 sts increased ‖ 250 sts)
With color B, work rows 5-6 of Section 1 (2 sts increased ‖ 252 sts)
With color A, work rows 1-2 of Section 1 (1 st increased ‖ 253 sts)
With color B, work rows 1-2 of Section 1 (1 st increased ‖ 254 sts)
With color A, work rows 5-6 of Section 1 (2 sts increased ‖ 256 sts), then rows 1-2 (1 st increased ‖ 257 sts)
With color B, work rows 1-2 of Section 1 (1 st increased ‖ 258 sts)

I-CORD BIND-OFF

Switch to larger needles for the bind-off.

With color B

Row 1 (RS): *cable cast on 3 sts, [k2, k2tog-tbl, sl 3 sts back to left needle] repeat to last 3 sts. Knit 3 sts together tbl.*

FINISHING

Cut yarn and pull through last st. Weave in and secure all ends, wash and block to final measurements.

GENTLE HUG

GENTLE HUG

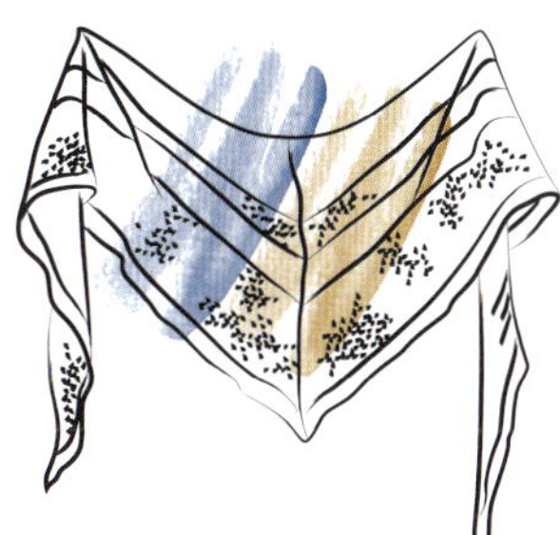

Wir alle kennen diese Tage, an denen das, was man am meisten braucht, einfach eine liebe Umarmung ist.

Meine jüngste Tochter hatte scheinbar genau so einen Tag, als ich Gentle Hug fertigstellte – sie hat sich das Tuch sofort geschnappt, um die Schultern gelegt und sich fortan geweigert, es wieder herzugeben.

Sie hat einfach immer wieder gesagt, wie weich es ist und wie gut es tut, einfach darin eingekuschelt zu sein.

Sind nicht Momente wie diese genau die, wofür wir stricken?

Strick Deinen Gentle Hug in Northiam DK von Kettle Yarn Co. und freu Dich auf ein Tuch, das Du nicht mehr hergeben möchtest.

We all have these days, when what we need most is a thing as simple as a gentle hug.

My youngest daughter seemed to have had one of these on the day I got this shawl off my blocking mats – she instantly grabbed it, put it around her shoulders and refused to take it off for the rest of the day.

She kept saying how soft the fabric was, and how much she liked to cuddle up into it.

Aren't moments like these the reason why we're knitting?

Make your Gentle Hug in Northiam DK by Kettle Yarn Co. for a piece you'll love to wear.

GARN

Kettle Yarn Co. Northiam DK
(100 % Bluefaced Leicester; 50 g / 128 yds [117 m])
- 2 Stränge in „Caspian" (Farbe A)
  86 g / 221 yds [202 m] Verbrauch
- 2 Stränge in „Amber" (Farbe B)
  94 g / 241 yds [220 m] Verbrauch
- 3 Stränge in „Shale" (Farbe C)
  121 g / 310 yds [284 m] Verbrauch

Hinweis: Für mein Tuch habe ich Farbe B fast komplett aufgebraucht. Mach auf jeden Fall eine Maschenprobe, um sicherzustellen, dass Du genug Garn hast. Du kannst auch gegen Ende einfach einige Reihen kraus rechts auslassen – Dein Tuch wird immer noch groß genug sein!

NADELN

- US 5 [3.75 mm] Rundstricknadel
  oder entsprechend der Maschenprobe

MASCHENPROBE

11 M x 14 R = 2 x 2" [5 x 5 cm]
im Muster von Abschnitt 1, gespannt

HILFSMITTEL

- 2 Maschenmarkierer

MASSE

94.5" [240 cm] entlang der oberen Kante
und 23.5" [60 cm] tief

HINWEISE

- Gentle Hug wird von der Mitte der oberen Kante nach unten und außen gestrickt.
- (Optional) Um die obere Kante schön elastisch zu machen, kannst Du nach der ersten M jeder Reihe (HR und RR) einen Umschlag einfügen und diesen in der Folgereihe direkt wieder fallen lassen.
- Maschen werden immer wie zum links stricken abgehoben.
- Falls Du lieber nach Strickschrift arbeitest, findest Du diese auf Seite 115.

YARN

Kettle Yarn Co. Northiam DK
(100 % Bluefaced Leicester; 50 g / 128 yds [117 m])
- *2 skeins in "Caspian" (color A)*
  86 g / 221 yds [202 m] used for sample
- *2 skeins in "Amber" (color B)*
  94 g / 241 yds [220 m] used for sample
- *3 skeins in "Shale" (color C)*
  121 g / 310 yds [284 m] used for sample

Note: color B had almost completely been used up for the original sample. If you want to make sure you don't run out of yarn, do a gauge swatch. Also, you can safely leave out garter stitch rows in the border for a smaller (but still genereously sized) version of the shawl.

NEEDLES

- *US 5 [3.75 mm] circular needles*
  or size to obtain gauge

GAUGE

11 sts x 14 rows = 2 x 2" [5 x 5 cm] in Section 1 pattern stitch, blocked

NOTIONS

- *2 stitch markers*

FINISHED MEASUREMENTS

94.5" [240 cm] wingspan along top edge
and 23.5" [60 cm] deep

NOTES

- *Gentle Hug is worked down and out from the center of the upper edge.*
- *(Optional) For making the upper edge nice and stretchy to wear against your neck, you can add a yarn over after the very first stitch of every row (RS and WS) and then drop it again on the following row.*
- *Stitches are always slipped purlwise.*
- *If you prefer working from a chart, you'll find one on page 115.*

DEFINITIONEN

ABSCHNITT 1

Mit Farbe A

Reihe 1 (HR): 1 re, kfb, [1 abh (Fh), 1 re] wiederholen bis zum MM, M1R, MA, 1 re, MA, M1L, [1 re, 1 abh (Fh)] wiederholen bis zu den letzten 2 M, kfb, 1 re (4 M zugenommen)
Reihe 2: 1 re, kfb, [1 li, 1 abh (Fv)] wiederholen bis zum MM, MA, 1 li, MA, [1 abh (Fv), 1 li] wiederholen bis zu den letzten 2 M, kfb, 1 re (2 M zugenommen)
Reihe 3: 1 re, kfb, [1 abh (Fh), 1 re] wiederholen bis 1 M vor dem MM, 1 abh (Fh), M1R, MA, 1 re, MA, M1L, 1 abh (Fh), [1 re, 1 abh (Fh)] wiederholen bis zu den letzten 2 M, kfb, 1 re (4 M zugenommen)
Reihe 4: 1 re, kfb, li bis zu den letzten 2 M (MM jeweils abheben), kfb, 1 re (2 M zugenommen)
Reihe 5: 1 re, kfb, re bis zum MM, M1R, MA, 1 re, MA, M1L, re bis zu den letzten 2 M, kfb, 1 re (4 M zugenommen)
Reihe 6: 1 re, kfb, [1 abh (Fv), 1 li] wiederholen bis zum MM, MA, 1 li, MA, [1 li, 1 abh (Fv)] wiederholen bis zu den letzten 2 M, kfb, 1 re (2 M zugenommen)
Reihe 7: 1 re, kfb, [1 re, 1 abh (Fh)] wiederholen bis 1 M vor dem MM, 1 re, M1R, MA, 1 re, MA, M1L, 1 re, [1 abh (Fh), 1 re] wiederholen bis zu den letzten 2 M, kfb, 1 re (4 M zugenommen)
Reihe 8: 1 re, kfb, [1 abh (Fv), 1 li] wiederholen bis 1 M vor dem MM, 1 abh (Fv), MA, 1 li, MA, 1 abh (Fv), [1 li, 1 abh (Fv)] wiederholen bis zu den letzten 2 M, kfb, 1 re (2 M zugenommen)
Reihen 9, 15 und 19: wie Reihe 5 (4 M zugenommen)
Reihen 10, 14 und 20: wie Reihe 4 (2 M zugenommen)
Reihe 11: wie Reihe 3 (4 M zugenommen)
Reihe 12: 1 re, kfb, [1 li, 1 abh (Fv)] wiederholen bis 1 M vor dem MM, 1 li, MA, 1 li, MA, 1 li, [1 abh (Fv), 1 li] wiederholen bis zu den letzten 2 M, kfb, 1 re (2 M zugenommen)
Reihe 13: wie Reihe 1 (4 M zugenommen)
Reihe 16: wie Reihe 8 (2 M zugenommen)

DEFINITIONS

SECTION 1

Row 1 (RS): *k1, kfb, [sl 1 wyib, k1] repeat to marker, M1R, sm, k1, sm, M1L, [k1, sl 1 wyib] repeat to last 2 sts, kfb, k1 (4 sts increased)*
Row 2: *k1, kfb, [p1, sl 1 wyif] repeat to marker, sm, p1, sm, [sl 1 wyif, p1] repeat to last 2 sts, kfb, k1 (2 sts increased)*
Row 3: *k1, kfb, [sl 1 wyib, k1] repeat to 1 st before marker, sl 1 wyib, M1R, sm, k1, sm, M1L, sl 1 wyib, [k1, sl 1 wyib] repeat to last 2 sts, kfb, k1 (4 sts increased)*
Row 4: *k1, kfb, p to last 2 sts (sl markers as you reach them), kfb, k1 (2 sts increased)*
Row 5: *k1, kfb, k to marker, M1R, sm, k1, sm, M1L, k to last 2 sts, kfb, k1 (4 sts increased)*
Row 6: *k1, kfb, [sl 1 wyif, p1] repeat to marker, sm, p1, sm, [p1, sl 1 wyif] repeat to last 2 sts, kfb, k1 (2 sts increased)*
Row 7: *k1, kfb, [k1, sl 1 wyib] repeat to 1st before marker, k1, M1R, sm, k1, sm, M1L, k1, [sl 1 wyib, k1] repeat to last 2 sts, kfb, k1 (4 sts increased)*
Row 8: *k1, kfb, [sl 1 wyif, p1] repeat to 1 st before marker, sl 1 wyif, sm, p1, sm, sl 1 wyif, [p1, sl 1 wyif] repeat to last 2 sts, kfb, k1 (2 sts increased)*
Rows 9, 15 and 19: *same as row 5 (4 sts increased)*
Rows 10, 14 and 20: *same as row 4 (2 sts increased)*
Row 11: *same as row 3 (4 sts increased)*
Row 12: *k1, kfb, [p1, sl 1 wyif] repeat to 1 st before marker, p1, sm, p1, sm, p1, [sl 1 wyif, p1] repeat to last 2 sts, kfb, k1 (2 sts increased)*
Row 13: *same as row 1 (4 sts increased)*
Row 16: *same as row 8 (2 sts increased)*

Reihe 17: 1 re, kfb, [1 re, 1 abh (Fh)] wiederholen bis zum MM, M1R, MA, 1 re, MA, M1L, [1 abh (Fh), 1 re] wiederholen bis zu den letzten 2 M, kfb, 1 re (4 M zugenommen)
Reihe 18: wie Reihe 6 (2 M zugenommen)

ABSCHNITT 2

Mit Farbe B

Reihe 1 (HR): 1 re, kfb, [5 abh (Fh), 1 re ulF] wiederholen bis 2 M vor dem MM, 2 abh (Fh), M1R, MA, 1 re, MA, M1L, 2 abh (Fh), [1 re ulF, 5 abh (Fh)] wiederholen bis zu den letzten 2 M, kfb, 1 re (4 M zugenommen)
Reihe 2: 1 re, kfb, [1 li, 5 abh (Fh)] wiederholen bis 4 M vor dem MM, 1 li, 3 abh (Fh), MA, 1 li, MA, 3 abh (Fh), 1 li, [5 abh (Fh), 1 li] wiederholen bis zu den letzten 2 M, kfb, 1 re (2 M zugenommen)

Mit Farbe C

Reihen 3, 7, 11, 15, 19 und 23: 1 re, kfb, re bis zum MM, M1R, MA, 1 abh (Fh), MA, M1L, re bis zu den letzten 2 M, kfb, 1 re (4 M zugenommen)
Reihen 4, 8, 12, 16, 20 und 24: 1 re, kfb, li bis zum MM, MA, 1 abh (Fv), MA, li bis zu den letzten 2 M, kfb, 1 re (2 M zugenommen)

Mit Farbe B

Reihe 5: 1 re, kfb, 1 re, [5 abh (Fh), 1 re ulF] wiederholen bis 1 M vor dem MM, 1 abh (Fh), M1R, MA, 1 re, MA, M1L, 1 abh (Fh), [1 re ulF, 5 abh (Fh)] wiederholen bis zu den letzten 3 M, 1 re, kfb, 1 re (4 M zugenommen)
Reihe 6: 1 re, kfb, 1 abh (Fh), [1 li, 5 abh (Fh)] wiederholen bis 3 M vor dem MM, 1 li, 2 abh (Fh), MA, 1 li, MA, 2 abh (Fh), [1 li, 5 abh (Fh)] wiederholen bis zu den letzten 4 M, 1 li, 1 abh (Fh), kfb, 1 re (2 M zugenommen)

Mit Farbe B

Reihe 9: 1 re, kfb, 1 abh (Fh), [1 re ulF, 5 abh (Fh)] wiederholen bis 1 M vor dem MM, 1 re ulF, M1R, MA, 1 re, MA, M1L, 1 re ulF, [5 abh (Fh), 1 re ulF] wiederholen bis zu den letzten 3 M, 1 abh (Fh), kfb, 1 re (4 M zugenommen)

Row 17: *k1, kfb, [k1, sl 1 wyib] repeat to marker, M1R, sm, k1, sm, M1L, [sl 1 wyib, k1] repeat to last 2 sts, kfb, k1 (4 sts increased)*
Row 18: *same as row 6 (2 sts increased)*

SECTION 2

With color B

Row 1 (RS): *k1, kfb, [sl 5 wyib, k1 uls] repeat to 2 sts before marker, sl 2 wyib, M1R, sm, k1, sm, M1L, sl 2 wyib, [k1 uls, sl 5 wyib] repeat to last 2 sts, kfb, k1 (4 sts increased)*
Row 2: *k1, kfb, [p1, sl 5 wyib] repeat to 4 sts before marker, p1, sl 3 wyib, sm, p1, sm, sl 3 wyib, p1, [sl 5 wyib, p1] repeat to last 2 sts, kfb, k1 (2 sts increased)*

With color C

Rows 3, 7, 11, 15, 19 and 23: *k1, kfb, k to marker, M1R, sm, sl 1 wyib, sm, M1L, k to last 2 sts, kfb, k1 (4 sts increased)*
Rows 4, 8, 12, 16, 20 and 24: *k1, kfb, p to marker, sm, sl 1 wyif, sm, p to last 2 sts, kfb, k1 (2 sts increased)*

With color B

Row 5: *k1, kfb, k1, [sl 5 wyib, k1 uls] repeat to 1 st before marker, sl 1 wyib, M1R, sm, k1, sm, M1L, sl 1 wyib, [k1 uls, sl 5 wyib] repeat to last 3 sts, k1, kfb, k1 (4 sts increased)*
Row 6: *k1, kfb, sl 1 wyib, [p1, sl 5 wyib] repeat to 3 sts before marker, p1, sl 2 wyib, sm, p1, sm, sl 2 wyib, [p1, sl 5 wyib] repeat to last 4 sts, p1, sl 1 wyib, kfb, k1 (2 sts increased)*

With color B

Row 9: *k1, kfb, sl 1wyib, [k1 uls, sl 5 wyib] repeat to 1 st before marker, k1 uls, M1R, sm, k1, sm, M1L, k1 uls, [sl 5 wyib, k1 uls] repeat to last 3 sts, sl 1 wyib, kfb, k1 (4 sts increased)*

Reihe 10: 1 re, kfb, 2 abh (Fh), [1 li, 5 abh (Fh)] wiederholen bis 2 M vor dem MM, 1 li, 1 abh (Fh), MA, 1 li, MA, 1 abh (Fh), 1 li, [5 abh (Fh), 1 li] wiederholen bis zu den letzten 4 M, 2 abh (Fh), kfb, 1 re (2 M zugenommen)

Mit Farbe B

Hinweis für Reihe 13: Die M1R und M1L Zunahmen hier ulF arbeiten.

Reihe 13: 1 re, kfb, 2 abh (Fh), [1 re ulF, 5 abh (Fh)] wiederholen bis zum MM, M1R ulF, MA, 1 re, MA, M1L ulF, [5 abh (Fh), 1 re ulF] wiederholen bis zu den letzten 4 M, 2 abh (Fh), kfb, 1 re (4 M zugenommen)

Reihe 14: 1 re, kfb, 3 abh (Fh), [1 li, 5 abh (Fh)] wiederholen bis 1 M vor dem MM, 1 li, MA, 1 li, MA, 1 li, [5 abh (Fh), 1 li] wiederholen bis zu den letzten 5 M, 3 abh (Fh), kfb, 1 re (2 M zugenommen)

Mit Farbe B

Reihe 17: 1 re, kfb, 3 abh (Fh), [1 re ulF, 5 abh (Fh)] wiederholen bis 5 M vor dem MM, 1 re ulF, 4 abh (Fh), M1R, MA, 1 re, MA, M1L, 4 abh (Fh), 1 re ulF [5 abh (Fh), 1 re ulF] wiederholen bis zu den letzten 5 M, 3 abh (Fh), kfb, 1 re (4 M zugenommen)

Reihe 18: 1 re, kfb, 4 abh (Fh), [1 li, 5 abh (Fh)] wiederholen bis zum MM, MA, 1 li, MA, [5 abh (Fh), 1 li] wiederholen bis zu den letzten 6 M, 4 abh (Fh), kfb, 1 re (2 M zugenommen)

Mit Farbe B

Reihe 21: 1 re, kfb, 4 abh (Fh), [1 re ulF, 5 abh (Fh)] wiederholen bis 4 M vor dem MM, 1 re ulF, 3 abh (Fh), M1R, MA, 1 re, MA, M1L, 3 abh (Fh), 1 re ulF, [5 abh (Fh), 1 re ulF] wiederholen bis zu den letzten 6 M, 4 abh (Fh), kfb, 1 re (4 M zugenommen)

Reihe 22: 1 re, kfb, [5 abh (Fh), 1 li] wiederholen bis 4 M vor dem MM, 4 abh (Fh), MA, 1 li, MA, 4 abh (Fh), [1 li, 5 abh (Fh)] wiederholen bis zu den letzten 2 M, kfb, 1 re (2 M zugenommen)

Row 10: *k1, kfb, sl 2 wyib, [p1, sl 5 wyib] repeat to 2 sts before marker, p1, sl 1 wyib, sm, p1, sm, sl 1 wyib, p1, [sl 5 wyib, p1] repeat to last 4 sts, sl 2 wyib, kfb, k1 (2 sts increased)*

With color B

Note for row 13: the M1R and M1L have to be performed under the loose thread.

Row 13: *k1, kfb, sl 2 wyib, [k1 uls, sl 5 wyib] repeat to marker, M1R, sm, k1, sm, M1L, [sl 5 wyib, k1 uls] repeat to last 4 sts, sl 2 wyib, kfb, k1 (4 sts increased)*

Row 14: *k1, kfb, sl 3 wyib, [p1, sl 5 wyib] repeat to 1 st before marker, p1, sm, p1, sm, p1, [sl 5 wyib, p1] repeat to last 5 sts, sl 3 wyib, kfb, k1 (2 sts increased)*

With color B

Row 17: *k1, kfb, sl 3 wyib, [k1 uls, sl 5 wyib] repeat to 5 sts before marker, k1 uls, sl 4 wyib, M1R, sm, k1, sm, M1L, sl 4 wyib, k1 uls [sl 5 wyib, k1 uls] repeat to last 5 sts, sl 3 wyib, kfb, k1 (4 sts increased)*

Row 18: *k1, kfb, sl 4 wyib, [p1, sl 5 wyib] repeat to marker, sm, p1, sm, [sl 5 wyib, p1] repeat to last 6 sts, sl 4 wyib, kfb, k1 (2 sts increased)*

With color B

Row 21: *k1, kfb, sl 4 wyib, [k1 uls, sl 5 wyib] repeat to 4 sts before marker, k1 uls, sl 3 wyib, M1R, sm, k1, sm, M1L, sl 3 wyib, k1 uls, [sl 5 wyib, k1 uls] repeat to last 6 sts, sl 4 wyib, kfb, k1 (4 sts increased)*

Row 22: *k1, kfb, [sl 5 wyib, p1] repeat to 4 sts before marker, sl 4 wyib, sm, p1, sm, sl 4 wyib, [p1, sl 5 wyib] repeat to last 2 sts, kfb, k1 (2 sts increased)*

KOMPLEMENTÄR-FARBEN

Erinnerst Du Dich noch an den Kunstunterricht zu Schulzeiten? Neben Wasserfarben, Wachsmalstiften und Martinslaternen habt Ihr Euch bestimmt auch ein wenig mit Farbtherorie befasst: Farbkombinationen, die sich im Farbkreis gegenüberliegen, haben eine ganz besondere Spannung. Unser Blick bleibt an diesen merkwürdigen Harmonien, die eigentlich gar keine sind, hängen und irgendwie gehen sie uns nicht mehr aus dem Kopf …

Farbzusammenstellung ist hier alles – genau wie bei Gentle Hug. Probiere es einfach selbst einmal aus und kombiniere Gelb- und Lilatöne, Rot- und Grüntone, oder Blau- und Orangetöne – also Farbkombinationen, die sich tendenziell im Farbkreis gegenüberliegen. Wenn Dir das Ergebnis zu krass ist, füge einen neutraleren Farbton als Mitte hinzu und genieße die unerwartet schönen Kompositionen.

COMPLEMENTARY COLORS

Remember your art lessons in school? Aside from water colors, crayons and making paper lanterns you probably delved into color theory a bit: color combinations that are opposite to each other on the color wheel create a specific interest. Our gaze seems drawn to the odd harmonies which are really not harmonies at all. And we keep thinking about them …

The color combination is key – just like with Gentle Hug. Do some experimenting and combine yellow and purple, red or green shades or blue and orange – color combos that are on opposite sides of the color wheel. If the result is a little too stark, add a more neutral shade in the center and enjoy the surprisingly beautiful composition of color.

LOS GEHT'S

„GARTER TAB" MASCHENANSCHLAG

2 M in Farbe A anschlagen, 6 Reihen kraus re str und nicht wenden. Die Arbeit um 90° im Uhrzeigersinn drehen und an der Seitenkante 3 M aufnehmen und direkt re str. Die Arbeit erneut um 90° drehen und 2 M an der Anschlagkante aufnehmen und direkt re str (7 M).

VORBEREITUNG

Vorbereitungsreihe (RR): 1 re, kfb, 1 li, MM setzen, 1 li, MM setzen, 1 li, kfb, 1 re (2 M zugenommen ‖ 9 M)

TUCH BEGINNEN

Abschnitt 1 viermal arbeiten (240 M zugenommen ‖ 249 M).

FARBMUSTER BEGINNEN

Mit Farbe B

Nächste Reihe (HR): 1 re, kfb, re bis zum MM, M1R, MA, 1 re, MA, M1L, re bis zu den letzten 2 M, kfb, 1 re (4 M zugenommen ‖ 253 M)
Als nächstes Reihen 2-24 von Abschnitt 2 arbeiten (68 M zugenommen ‖ 321 M), dann Reihe 1 von Abschnitt 1 (4 M zugenommen ‖ 325 M).

Mit Farbe B

Nächste Reihe (RR): 1 re, kfb, li bis zum MM, MA, 1 li, MA, li bis zu den letzten 2 M, kfb, 1 re (2 M zugenommen ‖ 327 M)
Muster von Abschnitt 1 wieder aufnehmen

Mit Farbe A

Nächste Reihe (HR): 1 re, kfb, re bis zum MM, M1R, MA, 1 re, MA, M1L, re bis zu den letzten 2 M, kfb, 1 re (4 M zugenommen ‖ 331 M)
Nächste Reihe: 1 re, kfb, li bis zu den letzten 2 M (MM jeweils abheben), kfb, 1 re (2 M zugenommen ‖ 333 M)
Abschnitt 1 einmal arbeiten (60 M zugenommen ‖ 393 M)
Farbmuster weiterführen

START HERE

GARTER TAB CAST-ON

With color A, cast on 2 sts using the long-tail cast-on method. Knit 6 rows. Turn work 90° clock-wise and pick up and knit 3 sts along the edge, one in each garter ridge. Turn work 90° clock-wise and pick up and knit 2 sts along the cast-on edge (7 sts).

SET-UP

***Set-up row (WS):** k1, kfb, p1, place marker, p1, place marker, p1, kfb, k1 (2 sts increased ‖ 9 sts)*

BEGIN SHAWL

Work four repeats of Section 1 (240 sts increased ‖ 249 sts).

BEGIN COLORWORK PATTERN

With color B

***Next row (RS):** k1, kfb, k to marker, M1R, sm, k1, sm, M1L, k to last 2 sts, kfb, k1 (4 sts increased ‖ 253 sts)*
Next up, work rows 2-24 of Section 2 (68 sts increased ‖ 321 sts), then work row 1 of Section 1 (4 sts increased ‖ 325 sts).

With color B

***Next row (WS):** k1, kfb, p to marker, sm, p1, sm, p to last 2 sts, kfb, k1 (2 sts increased ‖ 327 sts)*
Resume Section 1 pattern

With color A

***Next row (RS):** k1, kfb, k to marker, M1R, sm, k1, sm, M1L, k to last 2 sts, kfb, k1 (4 sts increased ‖ 331 sts)*
***Next row:** k1, kfb, p to last 2 sts (sl markers as you reach them), kfb, k1 (2 sts increased ‖ 333 sts)*
Work 1 repeat of Section 1 (60 sts increased ‖ 393 sts)
Continue colorwork pattern

Mit Farbe B

Nächste Reihe (HR): 1 re, kfb, re bis zum MM, M1R, MA, 1 re, MA, M1L, re bis zu den letzten 2 M, kfb, 1 re (4 M zugenommen ‖ 397 M)
Reihen 2-24 von Abschnitt 2 arbeiten (68 M zugenommen ‖ 465 M)
Abschnitt 2 einmal arbeiten (72 M zugenommen ‖ 537 M)
Reihen 1-21 von Abschnitt 2 arbeiten (64 M zugenommen ‖ 601 M)

Mit Farbe B

Nächste Reihe (RR): 1 re, kfb, li bis zum MM, MA, 1 li, MA, li bis zu den letzten 2 M, kfb, 1 re (2 M zugenommen ‖ 603 M)

KANTE BEGINNEN

Mit Farbe B

Reihe 1 (HR): 1 re, kfb, re bis zum MM, M1R, MA, 1 re, MA, M1L, re bis zu den letzten 2 M, kfb, 1 re (4 M zugenommen ‖ 607 M)
Reihe 2: 1 re, kfb, re bis zu den letzten 2 M (MM jeweils abheben), kfb, 1 re (2 M zugenommen ‖ 609 M)
Reihen 1-2 drei weitere Male arbeiten (18 M zugenommen ‖ 627 M)

ABKETTEN

Reihe 1 (HR): 1 re, [1 re, 2 M zurück auf die linke Nadel schieben, 2 M re verschr zus.str] wiederholen bis zum Ende

ABSCHLUSS

Faden abschneiden und durch die letzte M ziehen. Fäden vernähen, das Tuch dann in kaltem Wasser kurz einweichen lassen und zum Trocknen locker aufspannen.

With color B

***Next row (RS):** k1, kfb, k to marker, M1R, sm, k1, sm, M1L, k to last 2 sts, kfb, k1 (4 sts increased ‖ 397 sts)*
Next up, work rows 2-24 of Section 2 (68 sts increased ‖ 465 sts).
Work 1 repeat of Section 2 (72 sts increased ‖ 537 sts).
Next up, work rows 1-21 of Section 2 (64 sts increased ‖ 601 sts).

With color B

***Next row (WS):** k1, kfb, p to marker, sm, p1, sm, p to last 2 sts, kfb, k1 (2 sts increased ‖ 603 sts)*

BEGIN BORDER

With color B

***Row 1 (RS):** k1, kfb, k to marker, M1R, sm, k1, sm, M1L, k to last 2 sts, kfb, k1 (4 sts increased ‖ 607 sts)*
***Row 2:** k1, kfb, k to last 2 sts (sl markers as you reach them), kfb, k1 (2 sts increased ‖ 609 sts)*
Work rows 1-2 three more times (18 sts increased ‖ 627 sts).

BIND-OFF

***Row 1 (RS):** k1, [k1, sl 2 sts back to left needle, k2tog-tbl] repeat to end*

FINISHING

Cut yarn and pull through last st. Weave in and secure all ends, wash and block to final measurements.

GRELLOW IS A STATE OF MIND

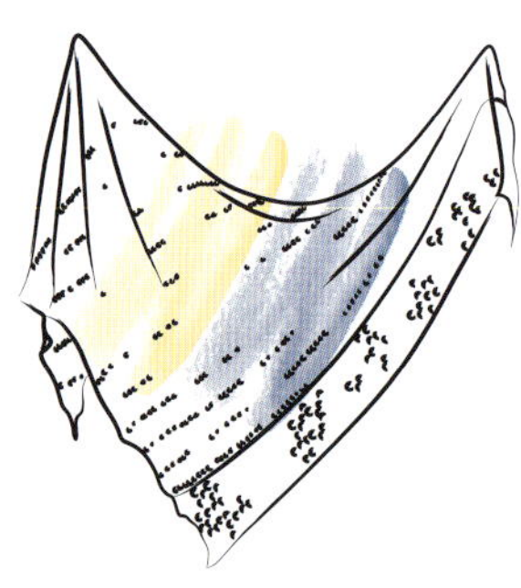

Bist Du auf der Suche nach einem entspannten Strickprojekt? Dann ist Grellow is a State of Mind genau das Richtige für Dich!

Durch die wunderschönen Farbverlaufsgarne von La Fée Fil wirken die einfachen Streifen gleich viel interessanter – die Farbwechsel passieren ganz von allein!

Ein Strang verläuft von einem sonnigen Hellgelb zu einem dunklen Senfton, und der andere von einem blassen Grau zu einem dunklen Anthrazit. Es ist wunderbar wohltuend – und gleichzeitig auch ein bisschen spannend – den Farben bei ihrem Zusammenspiel zuzuschauen, während Du nichts tun musst außer ganz in Ruhe weiter zu stricken.

Get into a relaxing state of mind with this soothing two-colored asymmetrical triangle shawl.

The simple, repetitive combination of stripes and eyelets is designed to take advantage of the long gradient runs of La Fée Fil's hand-dyed yarns, where one skein starts with a sunny yellow and ends with dark mustard, and the other runs from pale grey to nearly black.

It's a pleasure to watch the colors fly off your needles while you simply sit back and knit!

A block-color lace border adds interest.

GRELLOW IS A
STATE OF MIND

STRÄNGE MIT FARBVERLAUF

Wer liebt es schon, Fäden zu vernähen? Ich habe in meiner ganzen Zeit als Strickerin und Designerin nur eine einzige Person getroffen, die das von sich selbst sagen konnte – für die allermeisten ist das Vernähen eher eine lästige Arbeit, die wir nur ungern tun.
Stränge mit Farbverlauf bieten Dir die Möglichkeit, mehr als eine Farbe in Dein Projekt zu bringen, ohne jedesmal einen neuen Faden hierfür zu nehmen. Das Garn ändert ganz von selbst die Farbe – von Dunkel zu Hell und zurück, oder über mehrere Farbfamilien hinweg.
Mit solchen Strängen zu stricken ist spannend – man weiß nämlich nie genau, wie das Ergebnis aussehen wird. Ich habe das bei Grellow is a State of Mind sehr genossen und bin gespannt darauf, hier weitere Kombinationen auszuprobieren!

LONG GRADIENT RUNS

Who enjoys weaving in ends? In all my time as a knitter and a designer, I have only met a single person that could claim that for herself – for most knitters, weaving in ends is a tiresome chore that we don't like doing.
Gradient yarns enable you to add more than one color to your project without having to bring in another strand. The yarn changes color by itself – from dark to light and back, or even spanning multiple color families.
Knitting with gradient yarns is fascinating – you never know what the finished project will look like. I really enjoyed the change of colors while working on Grellow is a State of Mind and I am looking forward to trying different combinations.

GARN

La Fée Fil Merino Nylon (75 % Merino, 25 % Nylon; 200 g / 930 yds [850 m])

- 1 cake in „Typhon“ (Farbe A), 175 g / 814 yds [744 m] Verbrauch

La Fée Fil Merino Nylon (75 % Merino, 25 % Nylon; 100 g / 465 yds [425 m])

- 1 cake in „Cités d'or“ (Farbe B), 97 g / 452 yds [413 m] Verbrauch

NADELN

- US 3 [3.25 mm] Rundstricknadel oder entsprechend der Maschenprobe

MASCHENPROBE

10 M x 22 R = 2 x 2“ [5 x 5 cm] kraus rechts, gespannt

MASSE

90.5“ [230 cm] entlang der oberen Kante und 33.5“ [85 cm] tief

HINWEISE

- Grellow is a State of Mind wird in Reihen von der linken Spitze bis zur rechten Kante gestrickt.
- Falls Du lieber nach Strickschrift arbeitest, findest Du diese auf Seite 116.

YARN

La Fée Fil Merino Nylon (75 % Merino, 25 % Nylon; 200 g / 930 yds [850 m])

- *1 caked skein in “Typhon” (color A) 175 g / 814 yds [744 m] used for sample*

La Fée Fil Merino Nylon (75 % Merino, 25 % Nylon; 100 g / 465 yds [425 m])

- *1 caked skein in “Cités d'or” (color B) 97 g / 452 yds [413 m] used for sample*

NEEDLES

- *US 3 [3.25 mm] circular needles or size to obtain gauge*

GAUGE

10 sts x 22 rows = 2 x 2“ [5 x 5 cm] in garter stitch, blocked

FINISHED MEASUREMENTS

90.5“ [230 cm] wingspan along top edge and 33.5“ [85 cm] deep

NOTES

- *Grellow is a State of Mind is worked flat from the upper left tip to the right edge.*
- *If you prefer working from a chart, you'll find one on page 116.*

DEFINITIONEN

ABSCHNITT 1

Mit Farbe A

Reihe 1 (HR): re bis zur letzten M, kfb (1 M zugenommen)
Reihe 2: re bis zum Ende
Reihen 3-4: wie Reihen 1-2 (1 M zugenommen)

Mit Farbe B

Reihen 5-6: wie Reihen 1-2 (1 M zugenommen)
Reihen 7-18: Reihen 1-6 zwei mal arbeiten (6 M zugenommen)

Mit Farbe A

Reihen 19-20: wie Reihen 1-2 (1 M zugenommen)
Reihe 21: 2 re, [U, 2 M re zus.str] wiederholen bis zur letzten M, kfb (1 M zugenommen)
Reihe 22: re bis zum Ende

Mit Farbe B

Reihen 23-24: wie Reihen 1-2 (1 M zugenommen)

ABSCHNITT 2

Mit Farbe A

Reihe 1 (HR): 2 re, [3 re, 3 li] wiederholen bis zu den letzten 3 M, 2 re, kfb (1 M zugenommen)
Reihe 2: 2 re, dann alle M arbeiten wie sie erscheinen (rechte M rechts, linke M links) bis zu den letzten 2 M, 2 re
Reihe 3: 2 re, [U, sk2p, U, 3 re] wiederholen bis zu den letzten 4 M, U, sk2p, U, kfb (1 M zugenommen)
Reihe 4: 5 re, [3 li, 3 re] wiederholen bis zu den letzten 2 M, 2 re
Reihe 5: 2 re, [3 li, 3 re] wiederholen bis zu den letzten 5 M, 3 li, 1 re, kfb (1 M zugenommen)

DEFINITIONS

SECTION 1

With color A

Row 1 (RS): *k to last st, kfb (1 st increased)*
Row 2: *k to end*
Rows 3-4: *same as rows 1-2 (1 st increased)*

With color B

Rows 5-6: *same as rows 1-2 (1 st increased)*
Rows 7-18: *work rows 1-6 two more times (6 sts increased)*

With color A

Rows 19-20: *same as rows 1-2 (1 st increased)*
Row 21: *k2, [yo, k2tog] repeat to last st, kfb (1 st increased)*
Row 22: *k to end*

With color B

Rows 23-24: *same as rows 1-2 (1 st increased)*

SECTION 2

With color A

Row 1 (RS): *k2, [k3, p3] repeat to last 3 sts, k2, kfb (1 st increased)*
Row 2: *k2, then work all sts as they appear (knit the knits, purl the purls) to last 2 sts, k2*
Row 3: *k2, [yo, sk2p, yo, k3] repeat to last 4 sts, yo, sk2p, yo, kfb (1 st increased)*
Row 4: *k5, [p3, k3] repeat to last 2 sts, k2*
Row 5: *k2, [p3, k3] repeat to last 5 sts, p3, k1, kfb (1 st increased)*

Reihe 6: wie Reihe 2
Reihe 7: 2 re, [3 re, U, sk2p, U] wiederholen bis zu den letzten 6 M, 3 re, U, 2 M re überz zus.str, kfb (1 M zugenommen)
Reihe 8: 1 re, [3 re, 3 li] wiederholen bis zu den letzten 2 M, 2 re
Reihe 9: 2 re, [3 re, 3 li] wiederholen bis zur letzten M, kfb (1 M zugenommen)
Reihe 10: wie Reihe 2
Reihe 11: 2 re, [U, sk2p, U, 3 re] wiederholen bis zu den letzten 2 M, 1 li, kfb (1 M zugenommen)
Reihe 12: 3 re, [3 li, 3 re] wiederholen bis zu den letzten 2 M, 2 re
Reihe 13: 2 re, [3 li, 3 re] wiederholen bis zu den letzten 3 M, 2 li, kfb (1 M zugenommen)
Reihe 14: wie Reihe 2
Reihe 15: 2 re, [3 re, U, sk2p, U] wiederholen bis zu den letzten 4 M, 3 re, kfb (1 M zugenommen)
Reihe 16: 2 re, 3 li, [3 re, 3 li] wiederholen bis zu den letzten 2 M, 2 re
Reihe 17: 2 re, [3 re, 3 li] wiederholen bis zu den letzten 5 M, 3 re, 1 li, kfb (1 M zugenommen)
Reihe 18: wie Reihe 2
Reihe 19: 2 re, [U, sk2p, U, 3 re] wiederholen bis zu den letzten 6 M, U, sk2p, U, 2 re, kfb (1 M zugenommen)
Reihe 20: 2 re, 2 li, 3 re, [3 li, 3 re] wiederholen bis zu den letzten 2 M, 2 re
Reihe 21: 2 re, [3 li, 3 re] wiederholen bis zu den letzten M, kfb (1 M zugenommen)
Reihe 22: wie Reihe 2
Reihe 23: 2 re, [3 re, U, sk2p, U] wiederholen bis zu den letzten 2 M, 1 re, kfb (1 M zugenommen)
Reihe 24: 2 re, 1 li, [3 re, 3 li] wiederholen bis zu den letzten 2 M, 2 re

Row 6: *same as row 2*
Row 7: *k2, [k3, yo, sk2p, yo] repeat to last 6 sts, k3, yo, ssk, kfb (1 st increased)*
Row 8: *k1, [k3, p3] repeat to last 2 sts, k2*
Row 9: *k2, [k3, p3] repeat to last st, kfb (1 st increased)*
Row 10: *same as row 2*
Row 11: *k2, [yo, sk2p, yo, k3] repeat to last 2 sts, p1, kfb (1 st increased)*
Row 12: *k3, [p3, k3] repeat to last 2 sts, k2*
Row 13: *k2, [p3, k3] repeat to last 3 sts, p2, kfb (1 st increased)*
Row 14: *same as row 2*
Row 15: *k2, [k3, yo, sk2p, yo] repeat to last 4 sts, k3, kfb (1 st increased)*
Row 16: *k2, p3, [k3, p3] repeat to last 2 sts, k2*
Row 17: *k2, [k3, p3] repeat to last 5 sts, k3, p1, kfb (1 st increased)*
Row 18: *same as row 2*
Row 19: *k2, [yo, sk2p, yo, k3] repeat to last 6 sts, yo, sk2p, yo, k2, kfb (1 st increased)*
Row 20: *k2, p2, k3, [p3, k3] repeat to last 2 sts, k2*
Row 21: *k2, [p3, k3] repeat to last st, kfb (1 st increased)*
Row 22: *same as row 2*
Row 23: *k2, [k3, yo, sk2p, yo] repeat to last 2 sts, k1, kfb (1 st increased)*
Row 24: *k2, p1, [k3, p3] repeat to last 2 sts, k2*

LOS GEHT'S

MASCHENANSCHLAG

5 M in Farbe A elastisch anschlagen.

VORBEREITUNG

Vorbereitungsreihe (RR): re bis zum Ende (5 M)

TUCH BEGINNEN

Abschnitt 1 insgesamt 20 mal arbeiten (240 M zugenommen ‖ 245 M)

Mit Farbe A

Nächste Reihe (HR): re bis zur letzten M, kfb (1 M zugenommen ‖ 246 M)
Reihen 2-24 von Abschnitt 2 einmal in Farbe A arbeiten (11 M zugenommen ‖ 257 M)
Reihen 1-24 von Abschnitt 2 einmal in Farbe A arbeiten (12 M zugenommen ‖ 269 M)
Reihen 1-12 von Abschnitt 2 einmal in Farbe A arbeiten (6 M zugenommen ‖ 275 M)

ABKETTEN

Mit Farbe B

Reihe 1 (HR): re bis zur letzten M, kfb (1 M zugenommen ‖ 276 M)
Reihe 2: 1 re, [1 re, 2 M zurück auf die linke Nadel schieben, 2 M re verschr zus.str] wiederholen bis zum Ende

ABSCHLUSS

Faden abschneiden und durch die letzte M ziehen. Fäden vernähen, das Tuch dann in kaltem Wasser kurz einweichen lassen und zum Trocknen locker aufspannen.

START HERE

CAST-ON

With color A, cast on 5 sts using the long-tail cast-on method.

SET-UP

Set-up row (WS): *k to end (5 sts)*

BEGIN SHAWL

Work 20 repeats of Section 1 (240 sts increased ‖ 245 sts)

With color A

Next row (RS): *k to last st, kfb (1 st increased ‖ 246 sts)*
With color A, work rows 2-24 of Section 2 once (11 sts increased ‖ 257 sts)
With color A, work rows 1-24 of Section 2 once (12 sts increased ‖ 269 sts)
With color A, work rows 1-12 of Section 2 once (6 sts increased ‖ 275 sts)

BIND-OFF

With color B

Row 1 (RS): *k to last st, kfb (1 st increased ‖ 276 sts)*
Row 2: *k1, [k1, sl 2 sts back to left needle, k2tog-tbl] repeat to end*

FINISHING

Cut yarn and pull through last st. Weave in and secure all ends, wash and block to final measurements.

MAIVEMBER

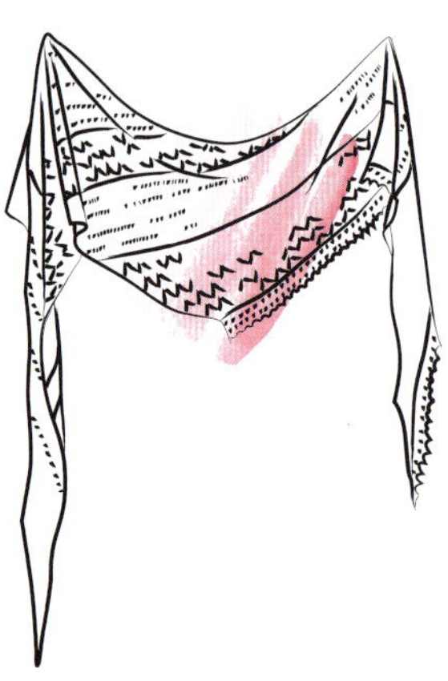

Der November 2018 in meiner Heimatstadt war grau, regnerisch und voller Nebel. Ich war viel mit dem Auto unterwegs, und jedesmal schaltete ich unseren lokalen Radiosender ein, um mich ein wenig unterhalten zu lassen.

Was für eine schöne Überraschung, dass dort gerade die Aktion „Maivember" stattfand – die Freude und bunte Frische, die man sonst nur im Mai findet, sollte auch im November spürbar sein. Sie spielten viele fröhliche Songs, die man einfach gerne mitsingen wollte, und so wurden meine grauen, langweiligen Autofahrten tatsächlich vergnügt und sonnig.

Hier ist meine Version von Maivember – mit viel Liebe gestrickt, um ein wenig Farbe in eine graue Jahreszeit zu bringen. Das wunderschöne, handgefärbte Garn stammt von WalkCollection.

November 2018 was grey, rainy and foggy in my hometown. I had to drive around in my car a lot. Each time I turned on my local radio station for some distraction. How lovely to find out they were just celebrating "Maivember" – bringing the joyfulness and colorfulness of May right into November, where it was needed a lot. They played a lot of fresh songs that made you want to sing along and they definitely cheered me up during all those car drives.

Here's my translation of that in knitting – I hope you'll enjoy Maivember, which brings joy and colors into an otherwise grey season.

The beautifully hand-dyed yarn is from Walk-Collection – a perfect mix of colors.

MAIVEMBER

GARN

WalkCollection Cozy Merino
(100 % Merino; 100 g / 656 yds [600 m])

- 1 Strang in „Crystal" (Farbe A)
  98 g / 392 yds [359 m] Verbrauch
- 1 Strang in „Pretty in Pink" (Farbe B)
  41 g / 164 yds [151 m] Verbrauch
- 1 Strang in „Midnight" (Farbe C)
  90 g / 360 yds [330 m] Verbrauch

Hinweis: Für mein Tuch habe ich Farbe A fast komplett aufgebraucht. Mach auf jeden Fall eine Maschenprobe, um sicher zu stellen, dass Du genug Garn hast. Du kannst auch gegen Ende einfach eine Wiederholung von Abschnitt 3 auslassen – Dein Tuch wird immer noch groß genug sein!

NADELN

- US 3 [3.25 mm] Rundstricknadel
  oder entsprechend der Maschenprobe

MASCHENPROBE

12 M x 22 R = 2 x 2" [5 x 5 cm]
kraus rechts, gespannt

MASSE

110" [280 cm] entlang der oberen Kante
und 19.5" [50 cm] tief

HINWEISE

- Maivember wird in Reihen von der linken Spitze bis zur rechten Kante gestrickt.
- (Optional) Um die obere Kante schön elastisch zu machen, kannst Du nach der ersten M jeder RR einen Umschlag einfügen und diesen in der folgenden HR direkt wieder fallen lassen.
- Maschen werden immer wie zum links stricken abgehoben.
- Falls Du lieber nach Strickschrift arbeitest, findest Du diese auf Seite 116.

YARN

WalkCollection Cozy Merino
(100 % Merino; 100 g / 656 yds [600 m])

- *1 skein in "Crystal" (color A)*
  98 g / 392 yds [359 m] used for sample
- *1 skein in "Pretty in Pink" (color B)*
  41 g / 164 yds [151 m] used for sample
- *1 skein in "Midnight" (color C)*
  90 g / 360 yds [330 m] used for sample

Note: color A had almost completely been used up for the original sample. If you want to make sure you don't run out of yarn, do a gauge swatch. Also, you can safely leave out 1 repeat of Section 3 towards the end for a smaller (but still genereously sized) version of the shawl.

NEEDLES

- *US 3 [3.25 mm] circular needles*
  or size to obtain gauge

GAUGE

12 sts x 22 rows = 2 x 2" [5 x 5 cm]
in garter stitch, blocked

FINISHED MEASUREMENTS

110" [280 cm] wingspan along top edge
and 19.5" [50 cm] deep

NOTES

- *Maivember is worked flat from the upper left tip towards the right edge.*
- *(Optional) For making the upper edge nice and stretchy to wear against your neck, you can add a yarn over after the very first stitch of each WS row and then drop it again on the following RS row.*
- *Stitches are always slipped purlwise.*
- *If you prefer working from a chart, you'll find one on page 116.*

DEFINITIONEN

ABSCHNITT 1

Reihe 1 (HR): 1 re, 2 M re zus.str, re bis zu den letzten beiden M, kfbf, 1 re (1 M zugenommen)
Reihe 2: re bis zum Ende

ABSCHNITT 2

MIT HINTERGRUNDFARBE

Reihe 1 (HR): re bis zu den letzten beiden M, kfbf, 1 re (2 M zugenommen)
Reihe 2: re bis zum Ende

MIT KONTRASTFARBE

Reihe 3: [1 abh (Fh), 1 re] wiederholen bis zur letzten M, 1 abh (Fh)
Reihe 4: [1 abh (Fv), 1 re] wiederholen bis zur letzten M, 1 abh (Fv)

ABSCHNITT 3

MIT HINTERGRUNDFARBE

Reihe 1 (HR): 1 re, 2 M re zus.str, 1 re, 1 abh (Fh), 3 re, 2 abh (Fh), [2 re, 1 abh (Fh), 3 re, 2 abh (Fh)] wiederholen bis zu den letzten beiden M, kfbf, 1 re (1 M zugenommen)
Reihe 2 und alle geraden Reihen: alle M, die in derselben Farbe erscheinen, mit der Du gerade strickst, re abstricken, die anderen abh (Fv)

MIT KONTRASTFARBE

Reihe 3: 1 re, 2 M re zus.str, 1 re, 1 abh (Fh), 1 re, 1 abh (Fh), 2 re, [(1 re, 1 abh (Fh)) 3 mal, 2 re] wiederholen bis zu den letzten 4 M, 1 re, 1 abh (Fh), kfbf, 1 re (1 M zugenommen)

MIT HINTERGRUNDFARBE

Reihe 5: 1 re, 2 M re zus.str, 1 re, 1 abh (Fh), 2 re, 1 abh (Fh), [1 abh (Fh), 3 re, 1 abh (Fh), 2 re, 1 abh (Fh)] wiederholen bis zu den letzten 6 M, 1 abh (Fh), 3 re, kfbf, 1 re (1 M zugenommen)

MIT KONTRASTFARBE

Reihe 7: 1 re, 2 M re zus.str, 2 re, 1 abh (Fh), 1 re, [2 re, 1 abh (Fh), 3 re, 1 abh (Fh), 1 re] wiederholen bis zu den letzten 8 M, 2 re, 1 abh (Fh), 3 re, kfbf, 1 re (1 M zugenommen)

DEFINITIONS

SECTION 1

Row 1 (RS): *k1, k2tog, k to last 2 sts, kfbf, k1 (1 st increased)*
Row 2: *k to end*

SECTION 2

With background color

Row 1 (RS): *k to last 2 sts, kfbf, k1 (2 st increased)*
Row 2: *k to end*

With contrasting color

Row 3: *[sl 1 wyib, k1] repeat to last st, sl 1 wyib*
Row 4: *[sl 1 wyif, k1] repeat to last st, sl 1 wyif*

SECTION 3

With background color

Row 1 (RS): *k1, k2tog, k1, sl 1 wyib, k3, sl 2 wyib, [k2, sl 1 wyib, k3, sl 2 wyib] repeat to last 2 sts, kfbf, k1 (1 st increased)*
Row 2 and all other WS rows: *k all sts that appear in the same color you're currently working with right now, sl the others wyif*

With contrasting color

Row 3: *k1, k2tog, k1, sl 1 wyib, k1, sl 1 wyib, k2, [(k1, sl 1 wyib) 3 times, k2] repeat to last 4 sts, k1, sl 1 wyib, kfbf, k1 (1 st increased)*

With background color

Row 5: *k1, k2tog, k1, sl 1 wyib, k2, sl 1 wyib, [sl 1 wyib, k3, sl 1 wyib, k2, sl 1 wyib] repeat to last 6 sts, sl 1 wyib, k3, kfbf, k1 (1 st increased)*

With contrasting color

Row 7: *k1, k2tog, k2, sl 1 wyib, k1, [k2, sl 1 wyib, k3, sl 1 wyib, k1] repeat to last 8 sts, k2, sl 1 wyib, k3, kfbf, k1 (1 st increased)*

SPECKLES

Wer sich in den letzten beiden Jahren ein wenig dafür interessiert hat, was in der Strickszene gerade angesagt war, der ist an Speckles nicht vorbeigekommen. „Speckles" ist der englische Begriff für Farbkleckse und bezieht sich auf eine Technik, mit der Wollstränge gefärbt werden. In mühevoller Handarbeit werden kleine und kleinste Farbspritzer aufgetragen, in verschiedensten Farben, Schichten und Intensitäten. Jeder Strang ist ein Kunstwerk!

Bei Maivember sind die Speckles nur ganz dezent auf dem hellen Garn sichtbar, aber trotzdem reichen sie aus, um dem Tuch das gewisse Etwas zu verleihen.

Man weiß bei Speckles vorab nie so genau, wie ein Strang verstrickt aussieht, deshalb empfehle ich auch hier wieder ganz besonders die Maschenprobe.

SPECKLES

Those keeping up with the latest trends in the knitting community during the last two years will have certainly come across speckled yarns.

"Speckles" is the term for a small patch of color and refers to a yarn dyeing technique. With much love for the detail, tiny paint splatters are hand-applied, in different colors, layers and intensities. Each hank is a piece of art!

The speckles on the light yarn used for Maivember are quite subtle, but obvious enough to give the shawl that special something.

With speckled yarn, you never really know ahead of time what the yarn will look like once it is knitted, which is why I particularly recommend making a swatch beforehand.

MIT HINTERGRUNDFARBE

Reihe 9: 1 re, 2 M re zus.str, 3 re, [1 abh (Fh), 2 re, 2 abh (Fh), 3 re] wiederholen bis zu den letzten beiden M, kfbf, 1 re (1 M zugenommen)

MIT KONTRASTFARBE

Reihe 11: 1 re, 2 M re zus.str, 1 re, 1 abh (Fh), [1 re, 1 abh (Fh), 3 re, 1 abh (Fh), 1 re, 1 abh (Fh)] wiederholen bis zu den letzten 4 M, 1 re, 1 abh (Fh), kfbf, 1 re (1 M zugenommen)

MIT HINTERGRUNDFARBE

Reihe 13: 1 re, 2 M re zus.str, 1 re, [2 re, 2 abh (Fh), 2 re, 1 abh (Fh), 1 re] wiederholen bis zu den letzten 6 M, 2 re, 2 abh (Fh), kfbf, 1 re (1 M zugenommen)

MIT KONTRASTFARBE

Reihe 15: 1 re, 2 M re zus.str, [1 abh (Fh), 3 re, 1 abh (Fh), 3 re] wiederholen bis zu den letzten 8 M, 1 abh (Fh), 3 re, 1 abh (Fh), 1 re, kfbf, 1 re (1 M zugenommen)
Reihe 16: wie alle geraden Reihen

With background color

Row 9: *k1, k2tog, k3, [sl 1 wyib, k2, sl 2 wyib, k3] repeat to last 2 sts, kfbf, k1 (1 st increased)*

With contrasting color

Row 11: *k1, k2tog, k1, sl 1 wyib, [k1, sl 1 wyib, k3, sl 1 wyib, k1, sl 1 wyib] repeat to last 4 sts, k1, sl 1 wyib, kfbf, k1 (1 st increased)*

With background color

Row 13: *k1, k2tog, k1, [k2, sl 2 wyib, k2, sl 1 wyib, k1] repeat to last 6 sts, k2, sl 2 wyib, kfbf, k1 (1 st increased)*

With contrasting color

Row 15: *k1, k2tog, [sl 1 wyib, k3, sl 1 wyib, k3] repeat to last 8 sts, sl 1 wyib, k3, sl 1 wyib, k1, kfbf, k1 (1 st increased)*
Row 16: *same as all other WS rows*

LOS GEHT'S

MASCHENANSCHLAG

6 M in Farbe A elastisch anschlagen.

VORBEREITUNG

Vorbereitungsreihe (RR): re bis zum Ende (6 M)

TUCH BEGINNEN

Abschnitt 1 dreiundvierzig mal in Farbe A arbeiten (43 M zugenommen ‖ 49 M)
Abschnitt 2 einmal mit Farbe A als Hintergrundfarbe und Farbe B als Kontrastfarbe arbeiten (2 M zugenommen ‖ 51 M)
Abschnitt 1 zehnmal in Farbe A arbeiten (10 M zugenommen ‖ 61 M)

START HERE

CAST-ON

With color A, cast on 6 sts using the long-tail cast-on method.

SET-UP

Set-up row (WS): *k to end (6 sts)*

BEGIN SHAWL

With color A, work 43 repeats of Section 1 (43 sts increased ‖ 49 sts)
With color A as background color and color B as contrasting color, work 1 repeat of Section 2 (2 sts increased ‖ 51 sts)
With color A, work 10 repeats of Section 1 (10 sts increased ‖ 61 sts)

Abschnitt 2 einmal mit Farbe A als Hintergrundfarbe und Farbe B als Kontrastfarbe arbeiten (2 M zugenommen ‖ 63 M)
Abschnitt 1 achtmal in Farbe A arbeiten (8 M zugenommen ‖ 71 M)
Abschnitt 2 einmal mit Farbe A als Hintergrundfarbe und Farbe B als Kontrastfarbe arbeiten (2 M zugenommen ‖ 73 M)
Abschnitt 1 sechsmal in Farbe A arbeiten (6 M zugenommen ‖ 79 M)
Abschnitt 2 einmal mit Farbe A als Hintergrundfarbe und Farbe B als Kontrastfarbe arbeiten (2 M zugenommen ‖ 81 M)
Abschnitt 1 viermal in Farbe A arbeiten (4 M zugenommen ‖ 85 M)
Abschnitt 2 einmal mit Farbe A als Hintergrundfarbe und Farbe B als Kontrastfarbe arbeiten (2 M zugenommen ‖ 87 M)
Abschnitt 1 zweimal in Farbe A arbeiten (2 M zugenommen ‖ 89 M)
Abschnitt 2 einmal mit Farbe A als Hintergrundfarbe und Farbe B als Kontrastfarbe arbeiten (2 M zugenommen ‖ 91 M)
Abschnitt 1 einmal in Farbe C arbeiten (1 M zugenommen ‖ 92 M)

Mit Farbe C

Nächste Reihe (HR): 1 re, 2 M re zus.str, 1 re, 1 abh (Fh), 3 re, 2 abh (Fh), [2 re, 1 abh (Fh), 3 re, 2 abh (Fh)] wiederholen bis zu den letzten beiden M, kfbf, 1 re (1 M zugenommen ‖ 93 M)
Nächste Reihe (RR): 4 re, [2 abh (Fv), 3 re, 1 abh (Fv), 2 re] wiederholen bis zu den letzten 9 M, 2 abh (Fv), 3 re, 1 abh (Fv), 3 re
Reihen 3-16 von Abschnitt 3 mit Farbe C als Hintergrundfarbe und Farbe A als Kontrastfarbe arbeiten (7 M zugenommen ‖ 100 M)
Abschnitt 3 dreimal mit Farbe C als Hintergrundfarbe und Farbe A als Kontrastfarbe arbeiten (24 M zugenommen ‖ 124 M)
Abschnitt 1 einmal in Farbe C arbeiten (1 M zugenommen ‖ 125 M)
Abschnitt 2 einmal mit Farbe C als Hintergrundfarbe und Farbe B als Kontrastfarbe arbeiten (2 M zugenommen ‖ 127 M)
Abschnitt 1 zweimal in Farbe C arbeiten (2 M zugenommen ‖ 129 M)
Abschnitt 2 einmal mit Farbe C als Hintergrundfarbe und Farbe B als Kontrastfarbe arbeiten (2 M zugenommen ‖ 131 M)
Abschnitt 1 viermal in Farbe C arbeiten (4 M zugenommen ‖ 135 M)
Abschnitt 2 einmal mit Farbe C als Hintergrundfarbe und Farbe B als Kontrastfarbe arbeiten (2 M zugenommen ‖ 137 M)

With color A as background color and color B as contrasting color, work 1 repeat of Section 2 (2 sts increased ‖ 63 sts)
With color A, work 8 repeats of Section 1 (8 sts increased ‖ 71 sts)
With color A as background color and color B as contrasting color, work 1 repeat of Section 2 (2 sts increased ‖ 73 sts)
With color A, work 6 repeats of Section 1 (6 sts increased ‖ 79 sts)
With color A as background color and color B as contrasting color, work 1 repeat of Section 2 (2 sts increased ‖ 81 sts)
With color A, work 4 repeats of Section 1 (4 sts increased ‖ 85 sts)
With color A as background color and color B as contrasting color, work 1 repeat of Section 2 (2 sts increased ‖ 87 sts)
With color A, work 2 repeats of Section 1 (2 sts increased ‖ 89 sts)
With color A as background color and color B as contrasting color, work 1 repeat of Section 2 (2 sts increased ‖ 91 sts)
With color C, work 1 repeat of Section 1 (1 st increased ‖ 92 sts)

With color C

Next row (RS): *k1, k2tog, k1, sl 1 wyib, k3, sl 2 wyib, [k2, sl 1 wyib, k3, sl 2 wyib] repeat to last 2 sts, kfbf, k1 (1 st increased ‖ 93 sts)*
Next row (WS): *k4, [sl 2 wyif, k3, sl 1 wyif, k2] repeat to last 9 sts, sl 2 wyif, k3, sl 1 wyif, k3*
With color C as background color and color A as contrasting color, work rows 3-16 of Section 3 (7 sts increased ‖ 100 sts)
With color C as background color and color A as contrasting color, work 3 repeats of Section 3 (24 sts increased ‖ 124 sts)
With color C, work 1 repeat of Section 1 (1 st increased ‖ 125 sts)
With color C as background color and color B as contrasting color, work 1 repeat of Section 2 (2 sts increased ‖ 127 sts)
With color C, work 2 repeats of Section 1 (2 sts increased ‖ 129 sts)
With color C as background color and color B as contrasting color, work 1 repeat of Section 2 (2 sts increased ‖ 131 sts)
With color C, work 4 repeats of Section 1 (4 sts increased ‖ 135 sts)
With color C as background color and color B as contrasting color, work 1 repeat of Section 2 (2 sts increased ‖ 137 sts)

Abschnitt 1 sechsmal in Farbe C arbeiten (6 M zugenommen ‖ 143 M)
Abschnitt 2 einmal mit Farbe C als Hintergrundfarbe und Farbe B als Kontrastfarbe arbeiten (2 M zugenommen ‖ 145 M)
Abschnitt 1 viermal in Farbe C arbeiten (4 M zugenommen ‖ 149 M)
Abschnitt 2 einmal mit Farbe C als Hintergrundfarbe und Farbe B als Kontrastfarbe arbeiten (2 M zugenommen ‖ 151 M)
Abschnitt 1 zweimal in Farbe C arbeiten (2 M zugenommen ‖ 153 M)
Abschnitt 2 einmal mit Farbe C als Hintergrundfarbe und Farbe B als Kontrastfarbe arbeiten (2 M zugenommen ‖ 155 M)
Abschnitt 1 einmal in Farbe C arbeiten (1 M zugenommen ‖ 156 M)

Mit Farbe C

Nächste Reihe (HR): 1 re, 2 M re zus.str, 1 re, 1 abh (Fh), 3 re, 2 abh (Fh), [2 re, 1 abh (Fh), 3 re, 2 abh (Fh)] wiederholen bis zu den letzten beiden M, kfbf, 1 re (1 M zugenommen ‖ 157 M)
Nächste Reihe (RR): 4 re, [2 abh (Fv), 3 re, 1 abh (Fv), 2 re] wiederholen bis zu den letzten 9 M, 2 abh (Fv), 3 re, 1 abh (Fv), 3 re
Reihen 3-16 von Abschnitt 3 mit Farbe C als Hintergrundfarbe und Farbe B als Kontrastfarbe arbeiten (7 M zugenommen ‖ 164 M)
Abschnitt 3 dreimal mit Farbe C als Hintergrundfarbe und Farbe B als Kontrastfarbe arbeiten (24 M zugenommen ‖ 188 M)
Abschnitt 1 einmal in Farbe B arbeiten (1 M zugenommen ‖ 189 M)
Abschnitt 2 einmal mit Farbe B als Hintergrundfarbe und Farbe A als Kontrastfarbe arbeiten (2 M zugenommen ‖ 191 M)
Abschnitt 1 zweimal in Farbe B arbeiten (2 M zugenommen ‖ 193 M)
Abschnitt 2 einmal mit Farbe B als Hintergrundfarbe und Farbe A als Kontrastfarbe arbeiten (2 M zugenommen ‖ 195 M)
Abschnitt 1 viermal in Farbe B arbeiten (4 M zugenommen ‖ 199 M)
Abschnitt 2 einmal mit Farbe B als Hintergrundfarbe und Farbe A als Kontrastfarbe arbeiten (2 M zugenommen ‖ 201 M)
Abschnitt 1 sechsmal in Farbe B arbeiten (6 M zugenommen ‖ 207 M)
Abschnitt 2 einmal mit Farbe B als Hintergrundfarbe und Farbe A als Kontrastfarbe arbeiten (2 M zugenommen ‖ 209 M)

With color C, work 6 repeats of Section 1 (6 sts increased ‖ 143 sts)
With color C as background color and color B as contrasting color, work 1 repeat of Section 2 (2 sts increased ‖ 145 sts)
With color C, work 4 repeats of Section 1 (4 sts increased ‖ 149 sts)
With color C as background color and color B as contrasting color, work 1 repeat of Section 2 (2 sts increased ‖ 151 sts)
With color C, work 2 repeats of Section 1 (2 sts increased ‖ 153 sts)
With color C as background color and color B as contrasting color, work 1 repeat of Section 2 (2 sts increased ‖ 155 sts)
With color C, work 1 repeat of Section 1 (1 st increased ‖ 156 sts)

With color C

Next row (RS): *k1, k2tog, k1, sl 1 wyib, k3, sl 2 wyib, [k2, sl 1 wyib, k3, sl 2 wyib] repeat to last 2 sts, kfbf, k1 (1 st increased ‖ 157 sts)*
Next row (WS): *k4, [sl 2 wyif, k3, sl 1 wyif, k2] repeat to last 9 sts, sl 2 wyif, k3, sl 1 wyif, k3*
With color C as background color and color B as contrasting color, work rows 3-16 of Section 3 (7 sts increased ‖ 164 sts)
With color C as background color and color B as contrasting color, work 3 repeats of Section 3 (24 sts increased ‖ 188 sts)
With color B, work 1 repeat of Section 1 (1 st increased ‖ 189 sts)
With color B as background color and color A as contrasting color, work 1 repeat of Section 2 (2 sts increased ‖ 191 sts)
With color B, work 2 repeats of Section 1 (2 sts increased ‖ 193 sts)
With color B as background color and color A as contrasting color, work 1 repeat of Section 2 (2 sts increased ‖ 195 sts)
With color B, work 4 repeats of Section 1 (4 sts increased ‖ 199 sts)
With color B as background color and color A as contrasting color, work 1 repeat of Section 2 (2 sts increased ‖ 201 sts)
With color B, work 6 repeats of Section 1 (6 sts increased ‖ 207 sts)
With color B as background color and color A as contrasting color, work 1 repeat of Section 2 (2 sts increased ‖ 209 sts)

Abschnitt 1 viermal in Farbe B arbeiten (4 M zugenommen ‖ 213 M)
Abschnitt 2 einmal mit Farbe B als Hintergrundfarbe und Farbe A als Kontrastfarbe arbeiten (2 M zugenommen ‖ 215 M)
Abschnitt 1 zweimal in Farbe B arbeiten (2 M zugenommen ‖ 217 M)
Abschnitt 2 einmal mit Farbe B als Hintergrundfarbe und Farbe A als Kontrastfarbe arbeiten (2 M zugenommen ‖ 219 M)
Abschnitt 1 einmal in Farbe C arbeiten (1 M zugenommen ‖ 220 M)

Mit Farbe C

Nächste Reihe (HR): 1 re, 2 M re zus.str, 1 re, 1 abh (Fh), 3 re, 2 abh (Fh), [2 re, 1 abh (Fh), 3 re, 2 abh (Fh)] wiederholen bis zu den letzten beiden M, kfbf, 1 re (1 M zugenommen ‖ 221 M)
Nächste Reihe (RR): 4 re, [2 abh (Fv), 3 re, 1 abh (Fv), 2 re] wiederholen bis zu den letzten 9 M, 2 abh (Fv), 3 re, 1 abh (Fv), 3 re
Reihen 3-16 von Abschnitt 3 mit Farbe C als Hintergrundfarbe und Farbe A als Kontrastfarbe arbeiten (7 M zugenommen ‖ 228 M)
Abschnitt 3 fünfmal mit Farbe C als Hintergrundfarbe und Farbe A als Kontrastfarbe arbeiten (40 M zugenommen ‖ 268 M)
Abschnitt 1 einmal in Farbe A arbeiten (1 M zugenommen ‖ 269 M)
Abschnitt 2 einmal mit Farbe A als Hintergrundfarbe und Farbe B als Kontrastfarbe arbeiten (2 M zugenommen ‖ 271 M)
Abschnitt 1 zweimal in Farbe A arbeiten (2 M zugenommen ‖ 273 M)
Abschnitt 2 einmal mit Farbe A als Hintergrundfarbe und Farbe B als Kontrastfarbe arbeiten (2 M zugenommen ‖ 275 M)
Abschnitt 1 einmal in Farbe A arbeiten (1 M zugenommen ‖ 276 M)

ABKETTEN

Reihe 1 (HR): [2 M durch Aufschlingen anschlagen, 1 re, *1 re, 2 M zurück auf die linke Nadel schieben, 2 M re verschr zus.str* von * bis * 6 mal arbeiten, 1 M zurück auf die linke Nadel schieben] wiederholen, bis alle M abgekettet sind.

ABSCHLUSS

Faden abschneiden und durch die letzte M ziehen. Fäden vernähen, das Tuch dann in kaltem Wasser kurz einweichen lassen und zum Trocknen locker aufspannen.

With color B, work 4 repeats of Section 1 (4 sts increased ‖ 213 sts)
With color B as background color and color A as contrasting color, work 1 repeat of Section 2 (2 sts increased ‖ 215 sts)
With color B, work 2 repeats of Section 1 (2 sts increased ‖ 217 sts)
With color B as background color and color A as contrasting color, work 1 repeat of Section 2 (2 sts increased ‖ 219 sts)
With color C, work 1 repeat of Section 1 (1 st increased ‖ 220 sts)

With color C

Next row (RS): *k1, k2tog, k1, sl 1 wyib, k3, sl 2 wyib, [k2, sl 1 wyib, k3, sl 2 wyib] repeat to last 2 sts, kfbf, k1 (1 st increased ‖ 221 sts)*
Next row (WS): *k4, [sl 2 wyif, k3, sl 1 wyif, k2] repeat to last 9 sts, sl 2 wyif, k3, sl 1 wyif, k3*
With color C as background color and color A as contrasting color, work rows 3-16 of Section 3 (7 sts increased ‖ 228 sts)
With color C as background color and color A as contrasting color, work 5 repeats of Section 3 (40 sts increased ‖ 268 sts)
With color A, work 1 repeat of Section 1 (1 st increased ‖ 269 sts)
With color A as background color and color B as contrasting color, work 1 repeat of Section 2 (2 sts increased ‖ 271 sts)
With color A, work 2 repeats of Section 1 (2 sts increased ‖ 273 sts)
With color A as background color and color B as contrasting color, work 1 repeat of Section 2 (2 sts increased ‖ 275 sts)
With color A, work 1 repeat of Section 1 (1 st increased ‖ 276 sts)

BIND-OFF

Row 1 (RS): *[cable cast on 2 sts, k1, *k1, sl 2 sts back to left needle, k2tog-tbl* work from * to * 6 times, sl 1 st back to left needle] repeat until all sts are bound off*

FINISHING

Cut yarn and pull through last st. Weave in and secure all ends, wash and block to final measurements.

MOONRAKER

MOONRAKER

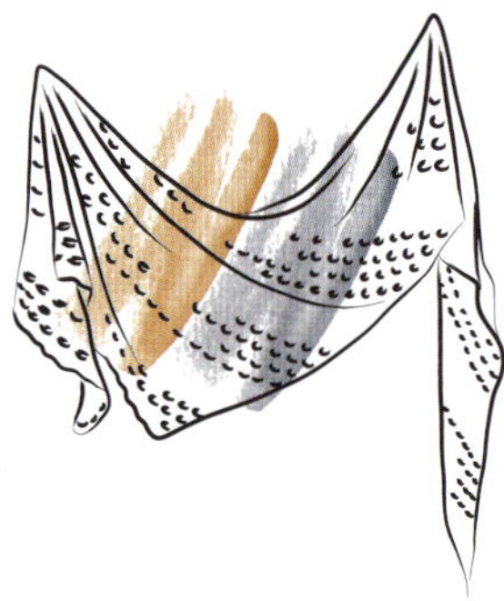

Mach Dein Glück mit Moonraker, einem fröhlichen und verspielten Tuch!

Endlose Farbkombinationen öffnen Deiner Kreativität jede Tür und erlauben es Dir, dich immer wieder neu zu erfinden.

Sei mit Deiner Farbwahl so mutig oder dezent wie Du magst!

Gestrickt in Bello von The Plucky Knitter wird Moonraker zum echten Hingucker.

Make your own luck with this cheerful, playful shawl – it's game for anything, and the infinite color possibilities really let your personality shine.

Garter stitch sections take turns with slipped-stitch stripes to create bright daubs of color.

Go as bright or as reserved as you like!

Knit it up in Bello from the Plucky Knitter, a cozy merino-cashmere blend that comes in a dazzling array of hues.

AUSGEFALLENE MUSTER

Ich liebe Streifen – sie sind eine so einfache und gleichzeitig so vielfältige Technik!
Aber immer nur Streifen in glatt oder kraus rechts werden auf Dauer langweilig. Deshalb baue ich wie bei Moonraker gerne kleine Effekte ein, die sowohl das Stricken als auch den Look des fertigen Tuchs spannender machen.
Es gibt so viele Texturmuster, die auch zweifarbig richtig schön sind! Hast Du ein Buch mit Strickmustern zur Hand? Dann blätter einfach einmal durch und versuche, Dir einige der einfarbigen Vorschläge einmal bunt vorzustellen. Oft werden so aus ganz traditionellen Mustern plötzlich richtig peppige Varianten.

FANCY STITCHES

I love stripes – it's such a simple and yet versatile technique!
But knitting stripes in stockinette or garter stitch all the time becomes boring after a while, so, as I did with Moonraker, I like to add some extra effects that make both the knitting and the finished shawl a little bit more interesting.
There are so many structured patterns that look great when worked in two colors. Do you have a book with knitting patterns? Have a look and try to imagine how some of the patterns shown in solid colors would look when knitted in more than one color! Many times, these traditional patterns will be transformed into a modern, upbeat version.

GARN

The Plucky Knitter Bello (55 % Merino, 45 % Kaschmir; 105 g / 380 yds [347 m])

- 1 Strang in „High Cotton“ (Farbe A) 94 g / 341 yds / [311 m] Verbrauch
- 1 Strang in „Lonesome Highway“ (Farbe B) 100 g / 362 yds / [331 m] Verbrauch
- 1 Strang in „Sticky Toffee“ (Farbe C) 18 g / 66 yds / [60 m] Verbrauch
- 1 Strang in „Pollen“ (Farbe D) 5 g / 19 yds / [17 m] Verbrauch

NADELN

- US 6 [4.00 mm] Rundstricknadel oder entsprechend der Maschenprobe

MASCHENPROBE

12 M x 20 R = 2 x 2“ [5 x 5 cm] kraus rechts, gespannt

MASSE

83“ [210 cm] entlang der oberen Kante und 18“ [45 cm] tief

HINWEISE

- Moonraker wird in Reihen von der rechten Spitze bis zur linken Kante gestrickt.
- Die extra Schlaufen der kk Maschen werden in den Rückreihen wieder fallen gelassen. Hierzu alle 3 bzw. 5 Maschen nacheinander auf die rechte Nadel schieben und die extra Schlaufe dabei fallen lassen, dann die Maschen wieder zurück auf die linke Nadel nehmen. Erst danach werden die m3f3 / m5f5 Anweisungen gestrickt.
- Maschen werden immer wie zum links stricken abgehoben.
- Dies ist die Streifenverteilung der einzelnen Farbblöcke:
  1. Block: Farben B, B, B, C
  2. Block: Farben B, B, B, D
  3. Block: Farben B, B, B, C

YARN

The Plucky Knitter Bello (55 % Merino, 45 % Cashmere; 105 g / 380 yds [347 m])

- *1 skein in "High Cotton" (color A) 94 g / 341 yds / [311 m] used for sample*
- *1 skein in "Lonesome Highway" (color B) 100 g / 362 yds / [331 m] used for sample*
- *1 skein in "Sticky Toffee" (color C) 18 g / 66 yds / [60 m] used for sample*
- *1 skein in "Pollen" (color D) 5 g / 19 yds / [17 m] used for sample*

NEEDLES

- *US 6 [4.00 mm] circular needles or size to obtain gauge*

GAUGE

12 sts x 20 rows = 2 x 2" [5 x 5 cm] in garter stitch, blocked

FINISHED MEASUREMENTS

83" [210 cm] wingspan along top edge and 18" [45 cm] deep

NOTES

- *Moonraker is worked flat from the upper right tip towards the left edge.*
- *The double wraps of the kk stitches are dropped on the next row. Do this by slipping all doubled stitches to your right needle, dropping the wraps, and then slipping them back to the left needle. Then, work the m3f3 / m5f5 as instructed.*
- *Stitches are always slipped purlwise.*
- *For a better overview, here's the striping sequence for all blocks of stripes:*
  1st block: colors B, B, B, C
  2nd block: colors B, B, B, D
  3rd block: colors B, B, B, C

4. Block: Farben B, B, B, D
5. Block: Farben B, B, B, C
6. Block: Farben C, C, C, A
7. Block: Farben C, C, C, D

DEFINITIONEN

ABSCHNITT 1

Reihe 1 (HR): 1 re, kfbf, re bis zu den letzten 3 M, 2 M re zus.str, 1 re (1 M zugenommen)
Reihe 2: alle M re

ABSCHNITT 2

Reihe 1 (HR): zu Farbe B wechseln, 2 M wie zum li str abh (Fh), [kk5, 1 M wie zum li str abh (Fh)] bis zur letzten M wiederholen, Arbeit wenden
Reihe 2: [1 M wie zum li str abh (Fv), m5f5] bis zu den letzten beiden M wiederholen, 2 M wie zum li str abh (Fv)
Reihe 3: zu Farbe A wechseln, 1 re, kfbf, re bis zu den letzten 3 M, 2 M re zus.str, 1 re (1 M zugenommen)
Reihe 4: alle M re
Reihen 5-8: Reihen 3-4 zwei weitere Male arbeiten (2 M zugenommen)
Reihe 9: zu Farbe B wechseln, 1 M wie zum li str abh (Fh), kk3, 1 M wie zum li str abh (Fh), [kk5, 1 M wie zum li str abh (Fh)] bis zur letzten M wiederholen, Arbeit wenden
Reihe 10: [1 M wie zum li str abh (Fv), m5f5] bis zu den letzten 5 M wiederholen, 1 M wie zum li str abh (Fv), m3f3, 1 M wie zum li str abh (Fv)
Reihen 11-16: zu Farbe A wechseln und Reihen 3-4 drei weitere Male arbeiten (3 M zugenommen)
Reihen 17-24: Reihen 1-8 ein weiteres Mal arbeiten (3 M zugenommen)
Reihen 25-26: Reihen 9-10 ein weiteres Mal arbeiten, dabei Farbe C anstelle von Farbe B verwenden.

4th block: colors B, B, B, D
5th block: colors B, B, B, C
6th block: colors C, C, C, A
7th block: colors C, C, C, D

DEFINITIONS

SECTION 1

Row 1 (RS): *k1, kfbf, k to last 3 sts, k2tog, k1 (1 st increased)*
Row 2: *k to end*

SECTION 2

Row 1 (RS): *switch to color B, sl 2 wyib, [kk5, sl 1 wyib] repeat to last st, turn work*
Row 2: *[sl 1 wyif, m5f5] repeat to last 2 sts, sl 2 wyif*
Row 3: *switch to color A, k1, kfbf, k to last 3 sts, k2tog, k1 (1 st increased)*
Row 4: *k to end*
Rows 5-8: *work rows 3-4 two more times (2 sts increased)*
Row 9: *switch to color B, sl 1 wyib, kk3, sl 1 wyib, [kk5, sl 1 wyib] repeat to last st, turn work*
Row 10: *[sl 1 wyif, m5f5] repeat to last 5 sts, sl 1 wyif, m3f3, sl 1 wyif*
Rows 11-16: *switch to color A and work rows 3-4 three more times (3 sts increased)*
Rows 17-24: *work rows 1-8 once more (3 sts increased)*
Rows 25-26: *work rows 9-10 once more, using color C instead of color B*

LOS GEHT'S

MASCHENANSCHLAG

6 M in Farbe A elastisch anschlagen.

VORBEREITUNG

Reihe 1 (RR): alle M re (6 M)

TUCH BEGINNEN

Abschnitt 1 einundzwanzig mal in Farbe A arbeiten (21 M zugenommen ‖ 27 M)

Abschnitt 2 einmal arbeiten (9 M zugenommen ‖ 36 M)

Abschnitt 1 fünfzehn mal in Farbe A arbeiten (15 M zugenommen ‖ 51 M)

Abschnitt 2 einmal arbeiten, dabei für den letzten der vier Streifen Farbe D anstelle von Farbe C verwenden (9 M zugenommen ‖ 60 M)

Abschnitt 1 fünfzehn mal in Farbe A arbeiten (15 M zugenommen ‖ 75 M)

Abschnitt 2 einmal arbeiten (9 M zugenommen ‖ 84 M)

Abschnitt 1 fünfzehn mal in Farbe A arbeiten (15 M zugenommen ‖ 99 M)

Abschnitt 2 einmal arbeiten, dabei für den letzten der vier Streifen Farbe D anstelle von Farbe C verwenden (9 M zugenommen ‖ 108 M)

Abschnitt 1 fünfzehn mal in Farbe A arbeiten (15 M zugenommen ‖ 123 M)

Abschnitt 2 einmal arbeiten (9 M zugenommen ‖ 132 M)

Abschnitt 1 fünf mal in Farbe A arbeiten (5 M zugenommen ‖ 137 M)

Von jetzt an ändert sich nur die Farbverteilung, der Rest bleibt gleich:

Abschnitt 1 zehn mal in Farbe B arbeiten (147 M)

Abschnitt 2 einmal arbeiten, dabei Farbe C für die ersten drei Streifen, Farbe A für den letzten Streifen und Farbe B für die kraus rechts gestrickten Reihen verwenden (156 M)

START HERE

CAST-ON

With color A, cast on 6 sts using the long-tail cast-on method.

SET-UP

***Row 1 (WS):** k to end (6 sts)*

BEGIN SHAWL

With color A, work 21 repeats of Section 1 (21 sts increased ‖ 27 sts)

Work 1 repeat of Section 2 (9 sts increased ‖ 36 sts)

With color A, work 15 repeats of Section 1 (15 sts increased ‖ 51 sts)

Work 1 repeat of Section 2, using color D rather than color C for the last of the four stripes (9 sts increased ‖ 60 sts)

With color A, work 15 repeats of Section 1 (15 sts increased ‖ 75 sts)

Work 1 repeat of Section 2 (9 sts increased ‖ 84 sts)

With color A, work 15 repeats of Section 1 (15 sts increased ‖ 99 sts)

Work 1 repeat of Section 2, using color D rather than color C for the last of the four stripes (9 sts increased ‖ 108 sts)

With color A, work 15 repeats of Section 1 (15 sts increased ‖ 123 sts)

Work 1 repeat of Section 2 (9 sts increased ‖ 132 sts)

With color A, work 5 repeats of Section 1 (5 sts increased ‖ 137 sts)

From now on, only the colors change, the rest stays the same:

With color B, work 10 repeats of Section 1 (10 sts increased ‖ 147 sts)

Work 1 repeat of Section 2, using color C for the first three stripes, color A for the last one and color B for the garter stitch rows (9 sts increased ‖ 156 sts)

Abschnitt 1 fünfzehn mal in Farbe B arbeiten (171 M)
Abschnitt 2 einmal arbeiten, dabei Farbe C für die ersten drei Streifen, Farbe D für den letzten Streifen und Farbe B für die kraus rechts gestrickten Reihen verwenden (180 M)
Abschnitt 1 neun mal in Farbe B arbeiten (189 M) oder so oft, wie das Garn reicht (dabei aber ein wenig zum Abketten übrig lassen).

ABKETTEN

Reihe 1 (HR): 1 re, [1 re, 2 M auf die linke Nadel zurückschieben, 2 M re verschr zus.str] bis zur letzten M wiederholen.

ABSCHLUSS

Faden abschneiden und durch die letzte M ziehen. Fäden vernähen, das Tuch dann in kaltem Wasser kurz einweichen lassen und zum Trocknen locker aufspannen.

With color B, work 15 repeats of Section 1 (15 sts increased ‖ 171 sts)
Work 1 repeat of Section 2, using color C for the first three stripes, color D for the last one and color B for the garter stitch rows (9 sts increased ‖ 180 sts)
With color B, work 9 repeats of Section 1 (9 sts increased ‖ 189 sts) or until you run out of yarn (but keep a little for the bind-off)

BIND-OFF

***Row 1 (RS):** k1, [k1, sl 2 sts back to left needle, k2tog-tbl] repeat to last st.*

FINISHING

Cut yarn and pull through last st. Weave in and secure all ends, wash and block to final measurements.

MY CRYPTONITE

Beim Stricken hat jeder sein eigenes Kryptonit – sei es ein bestimmtes Muster, nach dem man gerade süchtig ist, oder ein unwiderstehliches Garn, dessen Charme man ein ums andere Mal erliegt.

Dieses großzügig geschnittene Dreieckstuch kombiniert einige meiner persönlichen Favoriten: dünne Streifen, faszinierendes Lace und das alles in Farbblöcken, die in krassem Kontrast zueinander stehen.

Die seitliche Konstruktion erzeugt ein „Rückgrat" (engl. „spine"), das durch die gesamte Breite des Tuchs läuft, und die spannende Kombination von Textur und Farbe sorgt für schwache Knie.

Das Einzige, was dagegen hilft, ist natürlich, sofort anzuschlagen.

Every knitter has their cryptonite — like an addictive stitch or irresistible yarn that becomes an obsession.

This generously sized triangle shawl combines some of my favorite infatuations: thin stripes, funky lace, and crazily contrasting blocks of color.

The sideways construction creates an asymmetrical "spine" throughout the shawl, and the combination of textures and colors will make your knees weak!

Of course, the only way to save yourself is to cast on immediately.

MY CRYPTONITE

GARN

Merino Cashmere Fingering von Skein Yarn
(80 % Merino, 20 % Kaschmir; 100 g / 437 yds [400 m])

- 1 Strang in „Graphite" (Farbe A)
  87 g / 381 yds [348 m] Verbrauch
- 1 Strang in „Jersey" (Farbe B)
  68 g / 298 yds [272 m] Verbrauch
- 1 Strang in „Electric Dreams" (Farbe C)
  82 g / 359 yds [328 m] Verbrauch

Hinweis: Mach auf jeden Fall eine Maschenprobe, um sicherzustellen, dass Du genug Garn hast! Falls es doch eng wird, dann vermutlich mit Farbe A – in diesem Fall kannst Du einfach einige der Streifen gegen Ende des Tuchs in einer anderen Farbe stricken.

NADELN

- US 4 [3.50 mm] Rundstricknadel
  oder entsprechend der Maschenprobe

MASCHENPROBE

11 M x 20 R = 2 x 2" [5 x 5 cm] kraus rechts, gespannt

HILFSMITTEL

- 1 Maschenmarkierer

MASSE

102.5" [260 cm] entlang der oberen Kante und
43.5" [110 cm] und 75" [190 cm] an den unteren Kanten

HINWEISE

- My Cryptonite wird in Reihen von der linken Spitze bis zur rechten Kante gearbeitet. Zuerst nimmt die Maschenanzahl auf beiden Seiten der Mittelmasche gleichmäßig zu. Nach einiger Zeit dann hören die Zunahmen auf der einen Seite auf – so wandert die Mittelmasche langsam zur rechten (unteren) Kante. Sobald sie dort angekommen ist, wird abgekettet.
- (Optional) Um die obere Kante schön elastisch zu machen, kannst Du nach der ersten M jeder Reihe (HR und RR) einen Umschlag einfügen und diesen in der Folgereihe direkt wieder fallen lassen.
- Maschen werden immer wie zum links stricken abgehoben.

YARN

Merino Cashmere Fingering from Skein Yarn
(80 % Merino, 20 % Cashmere; 100 g / 437 yds [400 m])

- *1 skein in "Graphite" (color A)*
  87 g / 381 yds [348 m] used for sample
- *1 skein in "Jersey" (color B)*
  68 g / 298 yds [272 m] used for sample
- *1 skein in "Electric Dreams" (color C)*
  82 g / 359 yds [328 m] used for sample

Note: To ensure you have enough yarn to finish the shawl, make a gauge swatch! If you do run short, that'll probably be with color A – in that case, you can simply knit the last few stripes in another color.

NEEDLES

- *US 4 [3.50 mm] circular needles*
  or size to obtain gauge

GAUGE

11 sts x 20 rows = 2 x 2" [5 x 5 cm]
in garter stitch, blocked

NOTIONS

- *1 stitch marker*

FINISHED MEASUREMENTS

102.5" [260 cm] wingspan along top edge and
43.5" [110 cm] and 75" [190 cm] along bottom edges

NOTES

- *My Cryptonite is work flat from the left tip towards the right edge, with a center stitch going all the way through the shawl. At first, the stitch count on both sides of the center stitch increases, and once the final width is reached, one side stops increasing. That way, the center stitch slowly shifts from the center towards the right (lower) side of the shawl. Once it has reached it, all stitches are bound off.*
- *(Optional) For making the upper edge nice and stretchy to wear against your neck, you can add a yarn over after the very first stitch of every row (RS and WS) and then drop it again on the following row.*
- *Stitches are always slipped purlwise.*

DEFINITIONEN

ABSCHNITT 1

Reihe 1 (HR): 1 re, kfb, re bis 3 M vor dem MM, cdd, ME, 1 re, MS, re bis zu den letzten 2 M, kfb, 1 re

Reihe 2: 1 re, kfb, re bis zu den letzten 2 M, kfb, 1 re (2 M zugenommen)

ABSCHNITT 2

Reihe 1 (HR): 2 abh (Fh), [1 re, 1 abh (Fh)] wiederholen bis zu den letzten 3 M, 1 re, Arbeit wenden (2 M verbleiben)

Reihe 2: [1 re, 1 abh (Fv)] wiederholen bis zur letzten M, 1 abh (Fv)

ABSCHNITT 3

Reihe 1 (HR): 1 abh (Fh), [1 re, 1 abh (Fh)] wiederholen bis zum Ende

Reihe 2: [1 abh (Fv), 1 re] wiederholen bis zur letzten M, 1 abh (Fv)

ABSCHNITT 4

Reihe 1 (HR): 1 re, kfb, [2 M re zus.str, U, U, 2 M re überz. zus.str] wiederholen bis 3 M vor dem MM, cdd, MA, [2 M re zus.str, U, U, 2 M re überz. zus.str] wiederholen bis zu den letzten 2 M, kfb, 1 re

Reihe 2: 1 re, kfb, 1 li, [1 li, (1 re verschr, 1 re in den doppelten U), 1 li] wiederholen bis 4 M vor dem MM, 1 li, (1 re verschr, 1 re in den doppelten U), 1 abh (Fh), ME, abgehobene M zurück auf die linke Nadel heben, MS, 2 li, [1 li, (1 re verschr, 1 re in den doppelten U), 1 li] wiederholen bis zu den letzten 3 M, 1 li, kfb, 1 re (2 M zugenommen)

Reihe 3: 1 re, kfb, [2 M re zus.str, U, U, 2 M re überz. zus.str] wiederholen bis 4 M vor dem MM, 1 re, cdd, MA, 1 re, [2 M re zus.str, U, U, 2 M re überz. zus.str] wiederholen bis zu den letzten 2 M, kfb, 1 re

Reihe 4: 1 re, kfb, 1 li, [1 li, (1 re verschr, 1 re in den doppelten U), 1 li] wiederholen bis 1 M vor dem MM, 1 abh (Fh), ME, abgehobene M zurück auf die linke Nadel heben, MS, 3 li, [1 li, (1 re verschr, 1 re in den doppelten U), 1 li] wiederholen bis zu den letzten 3 M, 1 li, kfb, 1 re (2 M zugenommen)

Reihe 5: 1 re, kfb, [2 M re zus.str, U, U, 2 M re überz. zus.str] wiederholen bis 5 M vor dem MM, 2 M re zus.str, U, cdd, MA, U, 2 M re überz. zus.str, [2 M re zus.str, U, U, 2 M re überz. zus.str] wiederholen bis zu den letzten 2 M, kfb, 1 re

DEFINITIONS

SECTION 1

Row 1 (RS): *k1, kfb, k to 3 sts before marker, cdd, rm, k1, pm, k to last 2 sts, kfb, k1*

Row 2: *k1, kfb, k to last 2 sts, kfb, k1 (2 sts increased)*

SECTION 2

Row 1 (RS): *sl 2 wyib, [k1, sl 1 wyib] repeat to last 3 sts, k1, turn work (2 sts remain unworked)*

Row 2: *[k1, sl 1 wyif] repeat to last st, sl 1 wyif*

SECTION 3

Row 1 (RS): *sl 1 wyib, [k1, sl 1 wyib] repeat to end*

Row 2: *[sl 1 wyif, k1] repeat to last st, sl 1 wyif*

SECTION 4

Row 1 (RS): *k1, kfb, [k2tog, yo twice, ssk] repeat to 3 sts before marker, cdd, sm, [k2tog, yo twice, ssk] repeat to last 2 sts, kfb, k1*

Row 2: *k1, kfb, p1, [p1, (k1-tbl, k1 into double yo), p1] repeat to 4 sts before marker, p1, (k1-tbl, k1 into double yo), sl 1 wyib, rm, sl slipped st back to left needle, pm, p2, [p1, (k1-tbl, k1 into double yo), p1] repeat to last 3 sts, p1, kfb, k1 (2 sts increased)*

Row 3: *k1, kfb, [k2tog, yo twice, ssk] repeat to 4 sts before marker, k1, cdd, sm, k1, [k2tog, yo twice, ssk] repeat to last 2 sts, kfb, k1*

Row 4: *k1, kfb, p1, [p1, (k1-tbl, k1 into double yo), p1] repeat to 1 st before marker, sl 1 wyib, rm, sl slipped st back to left needle, pm, p3, [p1, (k1-tbl, k1 into double yo), p1] repeat to last 3 sts, p1, kfb, k1 (2 sts increased)*

Row 5: *k1, kfb, [k2tog, yo twice, ssk] repeat to 5 sts before marker, k2tog, yo, cdd, sm, yo, ssk, [k2tog, yo twice, ssk] repeat to last 2 sts, kfb, k1*

NEONFARBEN

Alle, die schon einmal ein Wollfest besucht haben, kennen das: An jedem Stand gibt es eine wahre Farbenpracht zu bestaunen! Von ganz schlicht bis unglaublich grell ist alles mit dabei und wir haben die Qual der Wahl.
Wieso nicht einmal zu Neonfarben greifen, wie bei My Cryptonite?
Der Trick ist, diese mit dezenteren Tönen zu kombinieren. Das hat zwei große Vorteile: Das fertige Tuch wird insgesamt harmonischer aussehen, weil die neutralen Farben den Neoneffekt etwas ausbalancieren. Und zum anderen dienen sie als Hintergrund, vor dem die starke Farbe ganz besonders gut zur Geltung kommt.

NEON COLORS

Everyone who has attended a yarn festival will have experienced it: at every booth, there is a blaze of colors to admire. Every color is available, from plain colors to the most vibrant shades – and you have to choose.
So why not try neon colors, as for My Cryptonite?
The trick is to combine them with more subtle shades. There are two major advantages to this: the finished shawl will look more harmonious, as the neutral colors will balance the neon colors. And they act as a background which shows off the vibrant colors to their best advantage.

Reihe 6: 1 re, kfb, 1 li, [1 li, (1 re verschr, 1 re in den doppelten U), 1 li] wiederholen bis 2 M vor dem MM, 1 li, 1 abh (Fh), ME, abgehobene M zurück auf die linke Nadel heben, MS, 4 li, [1 li, (1 re verschr, 1 re in den doppelten U), 1 li] wiederholen bis zu den letzten 3 M, 1 li, kfb, 1 re (2 M zugenommen)
Reihe 7: 1 re, kfb, [2 M re zus.str, Umschlag, Umschlag, 2 M re überz. zus.str] wiederholen bis 6 M vor dem MM, 2 M re zus.str, U, 1 re, cdd, MA, 1 re, U, 2 M re überz. zus.str, [2 M re zus.str, Umschlag, Umschlag, 2 M re überz. zus.str] wiederholen bis zu den letzten 2 M, kfb, 1 re
Reihe 8: 1 re, kfb, 1 li, [1 li, (1 re verschr, 1 re in den doppelten U), 1 li] wiederholen bis 3 M vor dem MM, 2 li, 1 abh (Fh), ME, abgehobene M zurück auf die linke Nadel heben, MS, 5 li, [1 li, (1 re verschr, 1 re in den doppelten U), 1 li] wiederholen bis zu den letzten 3 M, 1 li, kfb, 1 re (2 M zugenommen)

ABSCHNITT 5

Reihe 1 (HR): re bis 3 M vor dem MM, cdd, ME, 1 re, MS, re bis zu den letzten 2 M, kfb, 1 re (2 M abgenommen, 1 M zugenommen)
Reihe 2: 1 re, kfb, re bis zum Ende (1 M zugenommen)

__Row 6:__ k1, kfb, p1, [p1, (k1-tbl, k1 into double yo), p1] repeat to 2 sts before marker, p1, sl 1 wyib, rm, sl slipped st back to left needle, pm, p4, [p1, (k1-tbl, k1 into double yo), p1] repeat to last 3 sts, p1, kfb, k1 (2 sts increased)
__Row 7:__ k1, kfb, [k2tog, yo twice, ssk] repeat to 6 sts before marker, k2tog, yo, k1, cdd, sm, k1, yo, ssk, [k2tog, yo twice, ssk] repeat to last 2 sts, kfb, k1
__Row 8:__ k1, kfb, p1, [p1, (k1-tbl, k1 into double yo), p1] repeat to 3 sts before marker, p2, sl 1 wyib, rm, sl slipped st back to left needle, pm, p5, [p1, (k1-tbl, k1 into double yo), p1] repeat to last 3 sts, p1, kfb, k1 (2 sts increased)

SECTION 5

__Row 1 (RS):__ k to 3 sts before marker, cdd, rm, k1, pm, k to last 2 sts, kfb, k1 (2 sts decreased, 1 st increased)
__Row 2:__ k1, kfb, k to end (1 st increased)

ABSCHNITT 6

Reihe 1 (HR): [2 M re zus.str, U, U, 2 M re überz. zus.str] wiederholen bis 3 M vor dem MM, cdd, MA, [2 M re zus.str, U, U, 2 M re überz. zus.str] wiederholen bis zu den letzten 2 M, kfb, 1 re

Reihe 2: 1 re, kfb, 1 li, [1 li, (1 re verschr, 1 re in den doppelten U), 1 li] wiederholen bis 4 M vor dem MM, 1 li, (1 re verschr, 1 re in den doppelten U), 1 abh (Fh), ME, abgehobene M zurück auf die linke Nadel heben, MS, 2 li, [1 li, (1 re verschr, 1 re in den doppelten U), 1 li] wiederholen bis zum Ende

Reihe 3: 2 re, [2 M re zus.str, U, U, 2 M re überz. zus.str] wiederholen bis 4 M vor dem MM, 1 re, cdd, MA, 1 re, [2 M re zus.str, U, U, 2 M re überz. zus.str] wiederholen bis zu den letzten 2 M, kfb, 1 re

Reihe 4: 1 re, kfb, 1 li, [1 li, (1 re verschr, 1 re in den doppelten U), 1 li] wiederholen bis 1 M vor dem MM, 1 abh (Fh), ME, abgehobene M zurück auf die linke Nadel heben, MS, 3 li, [1 li, (1 re verschr, 1 re in den doppelten U), 1 li] wiederholen bis zu den letzten 2 M, 2 li

Reihe 5: [2 M re zus.str, U, U, 2 M re überz. zus.str] wiederholen bis 5 M vor dem MM, 2 M re zus.str, U, cdd, MA, U, 2 M re überz. zus.str, [2 M re zus.str, U, U, 2 M re überz. zus.str] wiederholen bis zu den letzten 2 M, kfb, 1 re

Reihe 6: 1 re, kfb, 1 li, [1 li, (1 re verschr, 1 re in den doppelten U), 1 li] wiederholen bis 2 M vor dem MM, 1 li, 1 abh (Fh), ME, abgehobene M zurück auf die linke Nadel heben, MS, 4 li, [1 li, (1 re verschr, 1 re in den doppelten U), 1 li] wiederholen bis zum Ende

Reihe 7: 2 re, [2 M re zus.str, U, U, 2 M re überz. zus.str] wiederholen bis 6 M vor dem MM, 2 M re zus.str, U, 1 re, cdd, MA, 1 re, U, 2 M re überz. zus.str, [2 M re zus.str, U, U, 2 M re überz. zus.str] wiederholen bis zu den letzten 2 M, kfb, 1 re

Reihe 8: 1 re, kfb, 1 li, [1 li, (1 re verschr, 1 re in den doppelten U), 1 li] wiederholen bis 3 M vor dem MM, 2 li, 1 abh (Fh), ME, abgehobene M zurück auf die linke Nadel heben, MS, 5 li, [1 li, (1 re verschr, 1 re in den doppelten U), 1 li] wiederholen bis zu den letzten 2 M, 2 li

SECTION 6

Row 1 (RS): *[k2tog, yo twice, ssk] repeat to 3 sts before marker, cdd, sm, [k2tog, yo twice, ssk] repeat to last 2 sts, kfb, k1*

Row 2: *k1, kfb, p1, [p1, (k1-tbl, k1 into double yo), p1] repeat to 4 sts before marker, p1, (k1-tbl, k1 into double yo), sl 1 wyib, rm, sl slipped st back to left needle, pm, p2, [p1, (k1-tbl, k1 into double yo), p1] repeat to end*

Row 3: *k2, [k2tog, yo twice, ssk] repeat to 4 sts before marker, k1, cdd, sm, k1, [k2tog, yo twice, ssk] repeat to last 2 sts, kfb, k1*

Row 4: *k1, kfb, p1, [p1, (k1-tbl, k1 into double yo), p1] repeat to 1 st before marker, sl 1 wyib, rm, sl slipped st back to left needle, pm, p3, [p1, (k1-tbl, k1 into double yo), p1] repeat to last 2 sts, p2*

Row 5: *[k2tog, yo twice, ssk] repeat to 5 sts before marker, k2tog, yo, cdd, sm, yo, ssk, [k2tog, yo twice, ssk] repeat to last 2 sts, kfb, k1*

Row 6: *k1, kfb, p1, [p1, (k1-tbl, k1 into double yo), p1] repeat to 2 sts before marker, p1, sl 1 wyib, rm, sl slipped st back to left needle, pm, p4, [p1, (k1-tbl, k1 into double yo), p1] repeat to end*

Row 7: *k2, [k2tog, yo twice, ssk] repeat to 6 sts before marker, k2tog, yo, k1, cdd, sm, k1, yo, ssk, [k2tog, yo twice, ssk] repeat to last 2 sts, kfb, k1*

Row 8: *k1, kfb, p1, [p1, (k1-tbl, k1 into double yo), p1] repeat to 3 sts before marker, p2, sl 1 wyib, rm, sl slipped st back to left needle, pm, p5, [p1, (k1-tbl, k1 into double yo), p1] repeat to last 2 sts, p2*

LOS GEHT'S

MASCHENANSCHLAG

5 M in Farbe A elastisch anschlagen.

VORBEREITUNG

Mit Farbe A

Vorbereitungsreihe (RR): re bis zum Ende

Mit Farbe B

Reihe 1: 1 re, kfb, 1 re, kfb, 1 re (2 M zugenommen ‖ 7 M)
Reihe 2: 1 re, kfb, MS, 3 re, kfb, 1 re (2 M zugenommen ‖ 9 M)

TUCH BEGINNEN

***Abschnitt 1 fünfzehnmal arbeiten, dabei immer Farbe A und B abwechseln (die erste und letzte Wiederholung sind in Farbe A) (30 M zugenommen ‖ 39 M)
Abschnitt 2 einmal in Farbe C arbeiten
Abschnitt 1 fünfmal arbeiten, dabei immer Farbe A und B abwechseln (die erste und letzte Wiederholung sind in Farbe A) (10 M zugenommen ‖ 49 M)
Abschnitt 3 einmal in Farbe C arbeiten
Abschnitt 1 dreimal arbeiten, dabei immer Farbe A und B abwechseln (die erste und letzte Wiederholung sind in Farbe A) (6 M zugenommen ‖ 55 M)
Abschnitt 4 einmal in Farbe C arbeiten (8 M zugenommen ‖ 63 M), dann Reihen 1-2 noch einmal (2 M zugenommen ‖ 65 M)
Abschnitt 1 viermal arbeiten, dabei immer Farbe A und B abwechseln (die erste Wiederholung ist in Farbe A, die letzte in Farbe B) (8 M zugenommen ‖ 73 M)
Von *** bis hierhin noch zwei weitere Male arbeiten (128 M zugenommen ‖ 201 M)
Jetzt sind 100 M auf jeder Seite der Mittelmasche.
Hinweis: Falls Du den zusätzlichen Umschlag entlang der beiden Kanten verwendet hast, kannst Du diesen zu Beginn der HR ab sofort auslassen.

START HERE

CAST-ON

With color A, cast on 5 sts using the long-tail cast-on method.

SET-UP

With color A

Set-up row (WS): *k to end*

With color B

Row 1: *k1, kfb, k1, kfb, k1 (2 sts increased ‖ 7 sts)*
Row 2: *k1, kfb, pm, k3, kfb, k1 (2 sts increased ‖ 9 sts)*

BEGIN SHAWL

****Work 15 repeats of Section 1, with each repeat alternating between color A and B (first and last repeat are in color A) (30 sts increased ‖ 39 sts)*
With color C, work 1 repeat of Section 2
Work 5 repeats of Section 1, with each repeat alternating between color A and B (first and last repeat are in color A) (10 sts increased ‖ 49 sts)
With color C, work 1 repeat of Section 3
Work 3 repeats of Section 1, with each repeat alternating between color A and B (first and last repeat are in color A) (6 sts increased ‖ 55 sts)
With color C, work 1 repeat of Section 4 (8 sts increased ‖ 63 sts), then work rows 1-2 once again (2 sts increased ‖ 65 sts)
Work 4 repeats of Section 1, with each repeat alternating between color A and B (first repeat is in color A, last repeat in color B) (8 sts increased ‖ 73 sts)
*Work from *** to here two more times (128 sts increased ‖ 201 sts)*
There are now 100 sts on each side of the center stitch.
Note: In case you've worked the yarn over for stretchy edges, you can safely omit it at the beginning of each RS row from now on.

Abschnitt 5 fünfzehnmal arbeiten, dabei immer Farbe A und B abwechseln (die erste und letzte Wiederholung sind in Farbe A)
Jetzt sind 115 M links und 85 M rechts von der Mittelmasche.
Abschnitt 2 einmal in Farbe C arbeiten
Abschnitt 5 fünfmal arbeiten, dabei immer Farbe A und B abwechseln (die erste und letzte Wiederholung sind in Farbe A)
Jetzt sind 120 M links und 80 M rechts von der Mittelmasche.
Abschnitt 3 einmal in Farbe C arbeiten
Abschnitt 5 dreimal arbeiten, dabei immer Farbe A und B abwechseln (die erste und letzte Wiederholung sind in Farbe A)
Jetzt sind 123 M links und 77 M rechts von der Mittelmasche.
Abschnitt 6 dreimal in Farbe C arbeiten, dann Reihen 1-6 noch einmal.
Jetzt sind 138 M links und 62 M rechts von der Mittelmasche.
Abschnitt 5 siebenmal arbeiten, dabei immer Farbe A und B abwechseln (die erste und letzte Wiederholung sind in Farbe A)
Jetzt sind 145 M links und 55 M rechts von der Mittelmasche.
Abschnitt 2 einmal in Farbe C arbeiten
Abschnitt 5 dreimal arbeiten, dabei immer Farbe A und B abwechseln (die erste und letzte Wiederholung sind in Farbe A)
Jetzt sind 148 M links und 52 M rechts von der Mittelmasche.
Abschnitt 3 einmal in Farbe C arbeiten
Abschnitt 5 dreimal arbeiten, dabei immer Farbe A und B abwechseln (die erste und letzte Wiederholung sind in Farbe A)
Jetzt sind 151 M links und 49 M rechts von der Mittelmasche.
Abschnitt 6 zweimal in Farbe C arbeiten, dann Reihen 1-6 noch einmal.
Jetzt sind 162 M links und 38 M rechts von der Mittelmasche.
Abschnitt 5 siebenmal arbeiten, dabei immer Farbe A und B abwechseln (die erste und letzte Wiederholung sind in Farbe A)
Jetzt sind 169 M links und 31 M rechts von der Mittelmasche.
Abschnitt 2 einmal in Farbe C arbeiten

Work 15 repeats of Section 5, with each repeat alternating between color A and B (first and last repeat are in color A)
There are now 115 sts left and 85 sts right from the center stitch.
With color C, work 1 repeat of Section 2
Work 5 repeats of Section 5, with each repeat alternating between color A and B (first and last repeat are in color A)
There are now 120 sts left and 80 sts right from the center stitch.
With color C, work 1 repeat of Section 3
Work 3 repeats of Section 5, with each repeat alternating between color A and B (first and last repeat are in color A)
There are now 123 sts left and 77 sts right from the center stitch.
With color C, work 3 repeats of Section 6, then work rows 1-6 of Section 6 once again.
There are now 138 sts left and 62 sts right from the center stitch.
Work 7 repeats of Section 5, with each repeat alternating between color A and B (first and last repeat are in color A)
There are now 145 sts left and 55 sts right from the center stitch.
With color C, work 1 repeat of Section 2
Work 3 repeats of Section 5, with each repeat alternating between color A and B (first and last repeat are in color A)
There are now 148 sts left and 52 sts right from the center stitch.
With color C, work 1 repeat of Section 3
Work 3 repeats of Section 5, with each repeat alternating between color A and B (first and last repeat are in color A)
There are now 151 sts left and 49 sts right from the center stitch.
With color C, work 2 repeats of Section 6, then work rows 1-6 of Section 6 once again.
There are now 162 sts left and 38 sts right from the center stitch.
Work 7 repeats of Section 5, with each repeat alternating between color A and B (first and last repeat are in color A)

Abschnitt 5 dreimal arbeiten, dabei immer Farbe A und B abwechseln (die erste und letzte Wiederholung sind in Farbe A)
Jetzt sind 172 M links und 28 M rechts von der Mittelmasche.
Abschnitt 3 einmal in Farbe C arbeiten
Abschnitt 5 dreimal arbeiten, dabei immer Farbe A und B abwechseln (die erste und letzte Wiederholung sind in Farbe A)
Jetzt sind 175 M links und 25 M rechts von der Mittelmasche.
Abschnitt 6 einmal in Farbe C arbeiten, dann Reihen 1-6 noch einmal.
Jetzt sind 182 M links und 18 M rechts von der Mittelmasche.
Abschnitt 5 fünfmal arbeiten, dabei immer Farbe A und B abwechseln (die erste und letzte Wiederholung sind in Farbe A)
Jetzt sind 187 M links und 13 M rechts von der Mittelmasche.
Reihen 1-6 von Abschnitt 6 einmal in Farbe C arbeiten
Jetzt sind 190 M links und 10 M rechts von der Mittelmasche.
Abschnitt 5 neunmal arbeiten, dabei immer Farbe A und B abwechseln (die erste und letzte Wiederholung sind in Farbe A)
Jetzt sind 199 M links und 1 M rechts von der Mittelmasche.

ABKETTEN

Mit Farbe A

Reihe 1 (HR): cdd, ME, re bis zu den letzten 2 M, kfb, 1 re (1 M abgenommen ‖ 200 M)
Reihe 2: 1 re, [1 re, 2 M zurück auf die linke Nadel schieben, 2 M re verschr zus.str] wiederholen bis zum Ende

ABSCHLUSS

Faden abschneiden und durch die letzte M ziehen. Fäden vernähen, das Tuch dann in kaltem Wasser kurz einweichen lassen und zum Trocknen locker aufspannen.

There are now 169 sts left and 31 sts right from the center stitch.
With color C, work 1 repeat of Section 2
Work 3 repeats of Section 5, with each repeat alternating between color A and B (first and last repeat are in color A)
There are now 172 sts left and 28 sts right from the center stitch.
With color C, work 1 repeat of Section 3
Work 3 repeats of Section 5, with each repeat alternating between color A and B (first and last repeat are in color A)
There are now 175 sts left and 25 sts right from the center stitch.
With color C, work 1 repeat of Section 6, then work rows 1-6 of Section 6 once again.
There are now 182 sts left and 18 sts right from the center stitch.
Work 5 repeats of Section 5, with each repeat alternating between color A and B (first and last repeat are in color A)
There are now 187 sts left and 13 sts right from the center stitch.
With color C, work rows 1-6 of Section 6.
There are now 190 sts left and 10 sts right from the center stitch.
Work 9 repeats of Section 5, with each repeat alternating between color A and B (first and last repeat are in color A)
There are now 199 sts left and there's 1 st right from the center stitch.

BIND-OFF

With color A

Row 1 (RS): *cdd, rm, k to last 2 sts, kfb, k1 (1 st decreased ‖ 200 sts)*
Row 2: *k1, [k1, sl 2 sts back to left needle, k2tog-tbl] repeat to end*

FINISHING

Cut yarn and pull through last st. Weave in and secure all ends, wash and block to final measurements.

ROPEDANCE

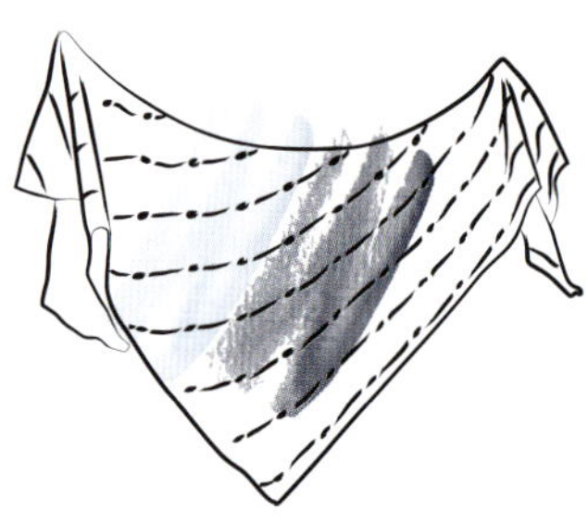

Wie langgezogene Seile ziehen sich Streifen quer über Ropedance, jedesmal in einer Kontrastfarbe, und verkürzte Reihen erinnern an kleine „Knötchen" – ganz wie beim Seiltanz.

Ropedance besticht durch seine Schlichtheit und Eleganz, ist gleichzeitig aber auch ein Tuch, in das es sich wunderbar einkuscheln lässt.

Das leichte Tynd Garn von Woolfolk Yarn kommt dabei in einer sehr dezenten und zeitlosen Farbpalette, die Dir viele Möglichkeiten bietet, Ropedance Deinen ganz persönlichen Touch zu verleihen.

Cords of contrasting color twine across Ropedance, each shaped with short rows to form little "knots".

Their diagonal dance highlights the shawl's elegant asymmetrical shape, with cushy garter stitch flaring out into a cozy triangle.

Lightweight Ultimate Merino® Woolfolk Tynd provides a rich palette of colors to make this design your own.

ROPEDANCE

GARN

Woolfolk Tynd (100 % Merino;
50 g / 223 yds [205 m])

- 2 Stränge in „05“ (Farbe A, dunkel)
  95 g / 424 yds [390 m] Verbrauch
- 2 Stränge in „02“ (Farbe B, hell)
  55 g / 246 yds [226 m] Verbrauch
- 2 Stränge in „04“ (Farbe C, mittel)
  80 g / 357 yds [328 m] Verbrauch

NADELN

- US 5 [3.75 mm] Rundstricknadel oder entsprechend der Maschenprobe

MASCHENPROBE

8 M x 16 R = 2 x 2“ [5 x 5 cm]
kraus rechts, gespannt

MASSE

86.5“ [220 cm] entlang der oberen Kante
und 27.5“ [70 cm] tief

HINWEISE

- Ropedance wird in Reihen von der linken Spitze bis zur rechten Kante gestrickt.
- (Optional) Um die obere Kante schön elastisch zu machen, kannst Du nach der ersten M jeder RR einen Umschlag einfügen und diesen in der folgenden HR direkt wieder fallen lassen.
- Die Doppelmaschen und die Maschen für die „Knötchen“ sollten sehr fest gearbeitet werden. Wenn sie nicht sauber genug aussehen, kannst Du für die Reihen in Abschnitt 2 eine kleinere Nadelstärke nehmen.

YARN

*Woolfolk Tynd (100 % Merino;
50 g / 223 yds [205 m])*

- *2 skeins in color “05” (color A, darkest)
  95 g / 424 yds [390 m] used for sample*
- *2 skeins in color “02” (color B, brightest)
  55 g / 246 yds [226 m] used for sample*
- *2 skeins in color “04” (color C, medium)
  80 g / 357 yds [328 m] used for sample*

NEEDLES

- *US 5 [3.75 mm] circular needles or size to obtain gauge*

GAUGE

*8 sts x 16 rows = 2 x 2“ [5 x 5 cm]
in garter stitch, blocked*

FINISHED MEASUREMENTS

*86.5“ [220 cm] wingspan along top edge
and 27.5“ [70 cm] deep*

NOTES

- *Ropedance is worked flat from the upper left tip towards the right edge.*
- *(Optional) For making the upper edge nice and stretchy to wear against your neck, you can add an yarn over after the very first stitch of each WS row and then drop it again on the following RS row.*
- *The double stitches and the stitches for the “knots” should be worked very tightly. If your knots look sloppy, work the repeats of Section 2 with a smaller needle size to make them look more defined.*

FARBFAMILIEN

Es ist toll, mit vielen verschiedenen Farben zu arbeiten, aber manchmal möchte man etwas Schlichteres. Ich liebe Projekte, in denen ich in einer Farbfamilie bleibe – der Look ist am Ende so stimmig, so harmonisch. Außerdem genieße ich es sehr, verschiedene Nuancen einer Farbe zu sehen und zu verarbeiten, also beispielsweise von ganz hell nach ganz dunkel.
Je mehr Schattierungen man dazunimmt, desto kleiner werden die Unterschiede der einzelnen Töne zueinander, aber manchmal reichen auch schon drei völlig aus – Ropedance ist ein wunderschönes Beispiel hierfür.

COLOR FAMILIES

It's great to work with many different colors, but from time to time you want something plainer.
I love projects where I work within one color family – the finished look is so coherent and harmonious. I enjoy looking at and working several different hues of a color, e.g. from a really light to a very dark shado.
As you work with several shades, the differences between the individual colors will lessen, but sometimes three will be sufficient – Ropedance is a wonderful example

DEFINITIONEN

ABSCHNITT 1

Reihe 1 (HR): 1 re, 2 M re zus.str, re bis zu den letzten 2 M, kfbf, 1 re (1 M zugenommen)
Reihe 2: re bis zum Ende
Reihe 3: 1 re, 2 M re zus.str, re bis zu den letzten 2 M, kfbf, 1 re (1 M zugenommen)
Reihe 4: re bis zum Ende
Reihe 5: re bis zu den letzten 2 M, kfbf, 1 re (2 M zugenommen)
Reihe 6: re bis zum Ende

ABSCHNITT 2

Reihe 1 (HR): 1 re, [13 re, Arbeit wenden und 1 DM arbeiten, 5 re, Arbeit wenden und 1 DM arbeiten, 12 re] wiederholen bis zur letzten M, 1 re
Reihe 2: 1 re, [12 re, Arbeit wenden und 1 DM arbeiten, 3 re, Arbeit wenden und 1 DM arbeiten, 11 re] wiederholen bis zur letzten M, 1 re

LOS GEHT'S

MASCHENANSCHLAG

6 M in Farbe A elastisch anschlagen.

VORBEREITUNG

Vorbereitungsreihe (RR): 6 re (6 M)

TUCH BEGINNEN

Abschnitt 1 vier mal in Farbe A arbeiten (16 M zugenommen ‖ 22 M)
Abschnitt 2 einmal in Farbe B arbeiten
Abschnitt 1 fünf mal in Farbe A arbeiten (20 M zugenommen ‖ 42 M)
Abschnitt 2 einmal in Farbe B arbeiten
Abschnitt 1 fünf mal in Farbe A arbeiten (20 M zugenommen ‖ 62 M)

DEFINITIONS

SECTION 1

Row 1 (RS): *k1, k2tog, k to last 2 sts, kfbf, k1 (1 st increased)*
Row 2: *k to end*
Row 3: *k1, k2tog, k to last 2 sts, kfbf, k1 (1 st increased)*
Row 4: *k to end*
Row 5: *k to last 2 sts, kfbf, k1 (2 sts increased)*
Row 6: *k to end*

SECTION 2

Row 1 (RS): *k1, [k13, turn work and work 1 double st, k5, turn work and work 1 double st, k12] repeat to last st, k1*
Row 2: *k1, [k12, turn work and work 1 double st, k3, turn work and work 1 double st, k11] repeat to last st, k1*

START HERE

CAST-ON

With color A, cast on 6 sts using the long-tail cast-on method.

SET-UP

Set-up row (WS): *k6 (6 sts)*

BEGIN SHAWL

Work Section 1 four times in color A (16 sts incresed ‖ 22 sts)

Abschnitt 2 einmal in Farbe B arbeiten
Abschnitt 1 fünf mal in Farbe A arbeiten (20 M zugenommen ‖ 82 M)
Abschnitt 2 einmal in Farbe B arbeiten
Abschnitt 1 fünf mal in Farbe A arbeiten (20 M zugenommen ‖ 102 M)
Abschnitt 2 einmal in Farbe B arbeiten
Abschnitt 1 fünf mal in Farbe A arbeiten (20 M zugenommen ‖ 122 M)
Abschnitt 2 einmal in Farbe B arbeiten
Abschnitt 1 fünf mal in Farbe A arbeiten (20 M zugenommen ‖ 142 M)
Abschnitt 2 einmal in Farbe B arbeiten
Abschnitt 1 fünf mal in Farbe A arbeiten (20 M zugenommen ‖ 162 M)
Abschnitt 2 einmal in Farbe B arbeiten
Abschnitt 1 fünf mal in Farbe C arbeiten (20 M zugenommen ‖ 182 M)
Abschnitt 2 einmal in Farbe A arbeiten
Abschnitt 1 fünf mal in Farbe C arbeiten (20 M zugenommen ‖ 202 M)
Abschnitt 2 einmal in Farbe A arbeiten
Abschnitt 1 fünf mal in Farbe C arbeiten (20 M zugenommen ‖ 222 M)
Abschnitt 2 einmal in Farbe A arbeiten
Abschnitt 1 fünf mal in Farbe B arbeiten (20 M zugenommen ‖ 242 M)
Abschnitt 2 einmal in Farbe C arbeiten
Abschnitt 1 zwei mal in Farbe B arbeiten (8 M zugenommen ‖ 250 M)

ABKETTEN

Reihe 1 (HR): 1 re, [1 re, 2 M zurück auf die linke Nadel schieben, 2 M re verschr zus.str] wiederholen bis zum Ende

ABSCHLUSS

Faden abschneiden und durch die letzte M ziehen. Fäden vernähen, das Tuch dann in kaltem Wasser kurz einweichen lassen und zum Trocknen locker aufspannen.

Work Section 2 once in color B
Work Section 1 five times in color A (20 sts incresed ‖ 42 sts)
Work Section 2 once in color B
Work Section 1 five times in color A (20 sts incresed ‖ 62 sts)
Work Section 2 once in color B
Work Section 1 five times in color A (20 sts incresed ‖ 82 sts)
Work Section 2 once in color B
Work Section 1 five times in color A (20 sts incresed ‖ 102 sts)
Work Section 2 once in color B
Work Section 1 five times in color A (20 sts incresed ‖ 122 sts)
Work Section 2 once in color B
Work Section 1 five times in color A (20 sts incresed ‖ 142 sts)
Work Section 2 once in color B
Work Section 1 five times in color A (20 sts incresed ‖ 162 sts)
Work Section 2 once in color B
Work Section 1 five times in color C (20 sts incresed ‖ 182 sts)
Work Section 2 once in color A
Work Section 1 five times in color C (20 sts incresed ‖ 202 sts)
Work Section 2 once in color A
Work Section 1 five times in color C (20 sts incresed ‖ 222 sts)
Work Section 2 once in color A
Work Section 1 five times in color B (20 sts incresed ‖ 242 sts)
Work Section 2 once in color C
Work Section 1 twice in color B (8 sts incresed ‖ 250 sts)

BIND-OFF

Row 1 (RS): *k1, [k1, sl 2 sts back to left needle, k2tog-tbl] repeat to end*

FINISHING

Cut yarn and pull through last st. Weave in and secure all ends, wash and block to final measurements.

SPARK OF GREY

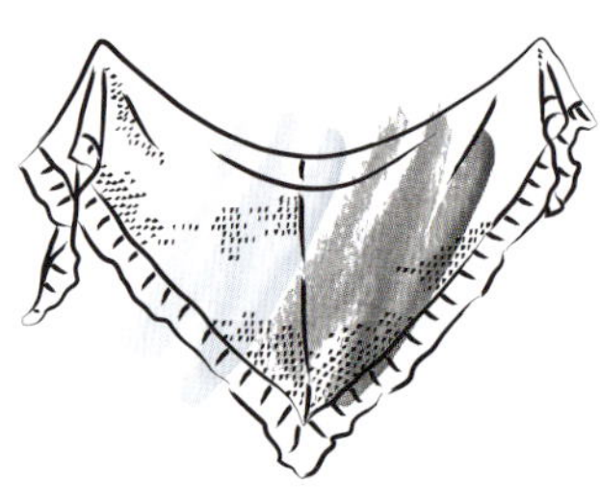

Kuschel Dich ein in einen Funkenwirbel!

Spark of Grey wird aus der Mitte der oberen Kante heraus nach unten und außen gestrickt – ein zauberhaft schönes Tuch, das mit seinem Muster besticht.

Durch einfache Hebemaschen entstehen Hunderte von kleinen Fünkchen, und die einfarbige Kante hinterlässt einen Hauch Romantik.

Strick Deins in Cloudborn Alpaca und Highland Naturals, einer Mischung aus Alpaka- und Hochlandwolle, für ein Tuch, das Du lieben wirst.

Warm yourself up in a flurry of sparks!

Knit down and out from the top center, Spark of Grey is a symmetrical triangle shawl with a flair for texture.

Slipped stitches create the two-color pattern, while the wide ribbed border adds a romantic, ruffled touch.

Knit it in Cloudborn Alpaca and Highland Naturals, a 50/50blend of superfine alpaca and fine highland wool, for a super cosy shawl.

SPARK OF GREY

GARN

Cloudborn Fibers Alpaca and Highland Naturals
(50 % Super Fine Alpaca, 50 % Fine Highland Wool;
50 g / 247 yds [225 m])

- 2 Stränge in „Smoke Heather" (Farbe A)
  74 g / 366 yds [333 m] Verbrauch
- 2 Stränge in „Espresso Heather" (Farbe B)
  97 g / 480 yds [437 m] Verbrauch

NADELN

- US 4 [3.50 mm] Rundstricknadel
  oder entsprechend der Maschenprobe

MASCHENPROBE

8 M x 15 R = 2 x 2" [5 x 5 cm]
glatt rechts, gespannt

HILFSMITTEL

- 2 Maschenmarkierer

MASSE

87" [220 cm] entlang der oberen Kante
und 27.5" [70 cm] tief

HINWEISE

- Spark of Grey wird von der Mitte der oberen Kante nach unten und außen gestrickt.
- (Optional) Um die obere Kante schön elastisch zu machen, kannst Du nach der ersten M jeder Reihe (HR und RR) einen Umschlag einfügen und diesen in der Folgereihe direkt wieder fallen lassen.
- Maschen werden immer wie zum links stricken abgehoben.

YARN

*Cloudborn Fibers Alpaca and Highland Naturals
(50 % Super Fine Alpaca, 50 % Fine Highland Wool;
50 g / 247 yds [225 m])*

- *2 skeins in "Smoke Heather" (color A)
  74 g / 366 yds [333 m] used for sample*
- *2 skeins in "Espresso Heather" (color B)
  97 g / 480 yds [437 m] used for sample*

NEEDLES

- *US 4 [3.50 mm] circular needles
  or size to obtain gauge*

GAUGE

*8 sts x 15 rows = 2 x 2" [5 x 5 cm]
in stockinette stitch, blocked*

NOTIONS

- *2 stitch markers*

FINISHED MEASUREMENTS

*87" [220 cm] wingspan along top edge
and 27.5" [70 cm] deep*

NOTES

- *Spark of Grey is worked down and out from the center of the top edge.*
- *(Optional) For making the upper edge nice and stretchy to wear against your neck, you can add a yarn over after the very first stitch of every row (RS and WS) and then drop it again on the following row.*
- *Stitches are always slipped purlwise.*

DEFINITIONEN

ABSCHNITT 1

Hinweis: Jede Wiederholung von (1 re, U, 1 re) fügt 2 M hinzu, die in der folgenden HR direkt wieder abgenommen werden. Für die angegebene Maschenanzahl werden diese nicht mitgezählt.

Mit Farbe A

Reihe 1 (HR): 2 li, kfb, [1 re, (1 re, U, 1 re) in dieselbe M, 2 re] wiederholen bis 4 M vor dem MM, 1 re, (1 re, U, 1 re) in dieselbe M, 1 re, kfb, MA, 1 re, MA, kfb, [1 re, (1 re, U, 1 re) in dieselbe M, 2 re] wiederholen bis zu den letzten 6 M, 1 re, [1 re, U, 1 re] in dieselbe M, 1 re, kfb, 2 li (4 M zugenommen)

Mit Farbe B

Reihe 2: 2 li, kfb, 2 li, [3 abh (Fv), 3 li] wiederholen bis zum MM, MA, 1 abh (Fv), MA, [3 li, 3 abh (Fv)] wiederholen bis zu den letzten 5 M, 2 li, kfb, 2 li (2 M zugenommen)
Reihe 3: 2 li, kfb, 2 re, [2 M re zus.str, 1 abh (Fh), 2 M re überz zus.str, 1 re] wiederholen bis 1 M vor dem MM, kfb, MA, 1 abh (Fh), MA, kfb, [1 re, 2 M re zus.str, 1 abh (Fh), 2 M re über zus.str] wiederholen bis zu den letzten 5 M, 2 re, kfb, 2 li (4 M zugenommen)

Mit Farbe A

Reihe 4: 2 li, kfb, 2 li, [1 abh (Fv), 3 li] wiederholen bis 3 M vor dem MM, 1 abh (Fv), 2 li, MA, 1 li, MA, 2 li, [1 abh (Fv), 3 li] wiederholen bis zu den letzten 6 M, 1 abh (Fv), 2 li, kfb, 2 li (2 M zugenommen)
Reihe 5: 2 li, kfb, [3 re, (1 re, U, 1 re) in dieselbe M] wiederholen bis 2 M vor dem MM, 1 re, kfb, MA, 1 re, MA, kfb, 1 re, [(1 re, U, 1 re) in dieselbe M, 3 re] wiederholen bis zu den letzten 3 M, kfb, 2 li (4 M zugenommen)

DEFINITIONS

SECTION 1

Note: Each repeat of (k1, yo, k1) increases 2 sts which are decreased again on the following RS row. The stitch count given doesn't take these into account.

With color A

Row 1 (RS): *p2, kfb, [k1, (k1, yo, k1) all into 1 st, k2] repeat to 4 sts before marker, k1, (k1, yo, k1) all into 1 st, k1, kfb, sm, k1, sm, kfb, [k1, (k1, yo, k1) all into 1 st, k2] repeat to last 6 sts, k1, [k1, yo, k1] all into 1 st, k1, kfb, p2 (4 sts increased)*

With color B

Row 2: *p2, kfb, p2, [sl 3 wyif, p3] repeat to marker, sm, sl 1 wyif, sm, [p3, sl 3 wyif] repeat to last 5 sts, p2, kfb, p2 (2 sts increased)*
Row 3. *p2, kfb, k2, [k2tog, sl 1 wyib, ssk, k1] repeat to 1 st before marker, kfb, sm, sl 1 wyib, sm, kfb, [k1, k2tog, sl 1 wyib, ssk] repeat to last 5 sts, k2, kfb, p2 (4 sts increased)*

With color A

Row 4: *p2, kfb, p2, [sl 1 wyif, p3] repeat to 3 sts before marker, sl 1 wyif, p2, sm, p1, sm, p2, [sl 1 wyif, p3] repeat to last 6 sts, sl 1 wyif, p2, kfb, p2 (2 sts increased)*
Row 5: *p2, kfb, [k3, (k1, yo, k1) all into 1 st] repeat to 2 sts before marker, k1, kfb, sm, k1, sm, kfb, k1, [(k1, yo, k1) all into 1 st, k3] repeat to last 3 sts, kfb, p2 (4 sts increased)*

HEBEMASCHEN

Hast Du schon einmal mit Hebemaschen gearbeitet? Selbst, wenn Du diese Frage mit „Nein!" beantwortest, hast Du das vermutlich trotzdem: Hebemaschen sind nämlich ganz einfach Maschen, die nicht gestrickt, sondern abgehoben werden – und das ist auch schon das ganze Geheimnis.

Wenn eine Masche also nun abgehoben wird, muss sie sich ein wenig nach oben strecken, um mit den anderen Maschen, die nicht abgehoben sondern gestrickt wurden, wieder auf einer Höhe zu sein. Das kann sehr hübsche Texturmuster ergeben, ist aber ganz besonders mit mehreren Farben interessant, denn die „gestreckten" Maschen sind so natürlich gut sichtbar.

So entstehen auf sehr vielfältige Art und Weise die schönsten Farbmuster – Spark of Grey ist eines meiner liebsten!

SLIP STITCHES

Have you worked slip stitches before? Even if the answer is "no!", in reality you probably have, as slip stitches are just stitches that are not knit or purled but slipped from the needle – and that's all there is to it.

Once a stitch is slipped, it needs to stretch upward a bit to align with the other stitches that were knit instead of slipped. This can create very pretty textured patterns, though this technique is especially interesting when worked with several colors, as this enhances the visibility of the "stretched" stitches.

With lots of versatility, slip stitches create beautiful color patterns – Spark of Grey is one of my favorites!

Mit Farbe B

Reihe 6: 2 li, kfb, 1 li, [3 li, 3 abh (Fv)] wiederholen bis 3 M vor dem MM, 3 li, MA, 1 abh (Fv), MA, [3 li, 3 abh (Fv)] wiederholen bis zu den letzten 7 M, 4 li, kfb, 2 li (2 M zugenommen)

Reihe 7: 2 li, kfb, 4 re, [2 M re zus.str, 1 abh (Fh), 2 M re überz zus.str, 1 re] wiederholen bis 1 M vor dem MM, kfb, MA, 1 abh (Fh), MA, kfb, [1 re, 2 M re zus.str, 1 abh (Fh), 2 M re überz zus.str] wiederholen bis zu den letzten 7 M, 4 re, kfb, 2 li (4 M zugenommen)

Mit Farbe A

Reihe 8: 2 li, kfb, [1 abh (Fv), 3 li] wiederholen bis 3 M vor dem MM, 1 abh (Fv), 2 li, MA, 1 li, MA, 2 li, [1 abh (Fv), 3 li] wiederholen bis zu den letzten 4 M, 1 abh (Fv), kfb, 2 li (2 M zugenommen)

With color B

Row 6: *p2, kfb, p1, [p3, sl 3 wyif] repeat to 3 sts before marker, p3, sm, sl 1 wyif, sm, [p3, sl 3 wyif] repeat to last 7 sts, p4, kfb, p2 (2 sts increased)*

Row 7: *p2, kfb, k4, [k2tog, sl 1 wyib, ssk, k1] repeat to 1 st before marker, kfb, sm, sl 1 wyib, sm, kfb, [k1, k2tog, sl 1 wyib, ssk] repeat to last 7 sts, k4, kfb, p2 (4 sts increased)*

With color A

Row 8: *p2, kfb, [sl 1 wyif, p3] repeat to 3 sts before marker, sl 1 wyif, p2, sm, p1, sm, p2, [sl 1 wyif, p3] repeat to last 4 sts, sl 1 wyif, kfb, p2 (2 sts increased)*

LOS GEHT'S

„GARTER TAB" MASCHENANSCHLAG

Mit Farbe A 2 M anschlagen, 14 Reihen glatt li str und nicht wenden. Die Arbeit um 90° im Uhrzeigersinn drehen, an der Seitenkante 7 M aufnehmen und direkt li str. Die Arbeit erneut um 90° drehen, 2 M an der Anschlagkante aufnehmen und direkt li str (11 M).

VORBEREITUNG

Reihe 1 (HR): 2 li, kfb, 1 re, kfb, MS, 1 re, MS, kfb, 1 re, kfb, 2 li (4 M zugenommen ‖ 15 M)

Reihe 2: 2 li, kfb, re bis zu den letzten 3 M, kfb, 2 li (2 M zugenommen ‖ 17 M)

Reihe 3: 2 li, kfb, re bis 1 M vor dem MM, kfb, MA, 1 re, MA, kfb, re bis zu den letzten 3 M, kfb, 2 li (4 M zugenommen ‖ 21 M)

Reihe 4: wie Reihe 2 (2 M zugenommen ‖ 23 M)

HAUPTTEIL

Abschnitt 1 neunzehnmal arbeiten (456 M zugenommen ‖ 479 M), dann beide Farben abschneiden.

START HERE

GARTER TAB CAST-ON

With color A, cast on 2 sts using the long-tail cast-on method. Purl 14 rows. Turn work 90° clock-wise and pick up and knit 7 sts along the edge, one in each garter ridge. Turn work 90° clock-wise and pick up and purl 2 sts along the cast-on edge (11 sts).

SET-UP

Row 1 (RS): *p2, kfb, k1, kfb, pm, k1, pm, kfb, k1, kfb, p2 (4 sts increased ‖ 15 sts)*

Row 2: *p2, kfb, k to last 3 sts, kfb, p2 (2 sts increased ‖ 17 sts)*

Row 3: *p2, kfb, k to 1 st before marker, kfb, sm, k1, sm, kfb, k to last 3 sts, kfb, p2 (4 sts increased ‖ 21 sts)*

Row 4: *same as row 2 (2 sts increased ‖ 23 sts)*

MAIN PATTERN

Work 19 repeats of Section 1 (456 sts increased ‖ 479 sts), then cut both colors.

KANTE BEGINNEN

Mit Farbe B

Reihe 1 (HR): 2 li, kfb, re bis 1 M vor dem MM, kfb, MA, 1 re, MA, kfb, re bis zu den letzten 3 M, kfb, 2 li (4 M zugenommen ‖ 483 M)

Reihe 2: 2 li, kfb, li bis zu den letzten 3 M, kfb, 2 li (2 M zugenommen ‖ 485 M)

Reihe 3: 2 li, kfb, [4 li, 6 re] wiederholen bis 9 M vor dem MM, 4 li, 4 re, kfb, MA, 1 re, MA, kfb, 4 re, 4 li, [6 re, 4 li] wiederholen bis zu den letzten 3 M, kfb, 2 li (4 M zugenommen ‖ 489 M)

Reihe 4 und alle geraden Reihen: 2 li, kfb, alle M so str, wie sie erscheinen (rechte M re, linke M li) bis zu den letzten 3 M, kfb, 2 li (2 M zugenommen ‖ 491 M)

Reihe 5: 2 li, kfb, 2 re, [4 li, 6 re] wiederholen bis 10 M vor dem MM, 4 li, 5 re, kfb, MA, 1 re, MA, kfb, 5 re, 4 li, [6 re, 4 li] wiederholen bis zu den letzten 5 M, 2 re, kfb, 2 li (4 M zugenommen ‖ 495 M)

Reihe 7: 2 li, kfb, 4 re, [4 li, 6 re] wiederholen bis 1 M vor dem MM, kfb, MA, 1 re, MA, kfb, [6 re, 4 li] wiederholen bis zu den letzten 7 M, 4 re, kfb, 2 li (4 M zugenommen ‖ 501 M)

Reihe 9: 2 li, kfb, [6 re, 4 li] wiederholen bis 8 M vor dem MM, 6 re, 1 li, kfb, MA, 1 re, MA, kfb, 1 li, [6 re, 4 li] wiederholen bis zu den letzten 9 M, 6 re, kfb, 2 li (4 M zugenommen ‖ 507 M)

Reihe 11: 2 li, kfb, 2 li, [6 re, 4 li] wiederholen bis 9 M vor dem MM, 6 re, 2 li, kfb, MA, 1 re, MA, kfb, 2 li, [6 re, 4 li] wiederholen bis zu den letzten 11 M, 6 re, 2 li, kfb, 2 li (4 M zugenommen ‖ 513 M)

Reihe 13: 2 li, kfb, [4 li, 6 re] wiederholen bis 4 M vor dem MM, 3 li, kfb, MA, 1 re, MA, kfb, 3 li, [6 re, 4 li] wiederholen bis zu den letzten 3 M, kfb, 2 li (4 M zugenommen ‖ 519 M)

Reihe 15: 2 li, kfb, 2 re, [4 li, 6 re] wiederholen bis 5 M vor dem MM, 4 li, kfb, MA, 1 re, MA, kfb, [4 li, 6 re] wiederholen bis zu den letzten 9 M, 4 li, 2 re, kfb, 2 li (4 M zugenommen ‖ 525 M)

Reihe 17: 2 li, kfb, 4 re, [4 li, 6 re] wiederholen bis 6 M vor dem MM, 4 li, 1 re, kfb, MA, 1 re, MA, kfb, 1 re, [4 li, 6 re] wiederholen bis zu den letzten 11 M, 4 li, 4 re, kfb, 2 li (4 M zugenommen ‖ 531 M)

BEGIN BORDER

With color B

Row 1 (RS): *p2, kfb, k to 1 st before marker, kfb, sm, k1, sm, kfb, k to last 3 sts, kfb, p2 (4 sts increased ‖ 483 sts)*

Row 2: *p2, kfb, p to last 3 sts, kfb, p2 (2 sts increased ‖ 485 sts)*

Row 3: *p2, kfb, [p4, k6] repeat to 9 sts before marker, p4, k4, kfb, sm, k1, sm, kfb, k4, p4, [k6, p4] repeat to last 3 sts, kfb, p2 (4 sts increased ‖ 489 sts)*

Row 4 and all even rows: *p2, kfb, work all sts as they appear (knit the knits, purl the purls) to last 3 sts, kfb, p2 (2 sts increased ‖ 491 sts)*

Row 5: *p2, kfb, k2, [p4, k6] repeat to 10 sts before marker, p4, k5, kfb, sm, k1, sm, kfb, k5, p4, [k6, p4] repeat to last 5 sts, k2, kfb, p2 (4 sts increased ‖ 495 sts)*

Row 7: *p2, kfb, k4, [p4, k6] repeat to 1st before marker, kfb, sm, k1, sm, kfb, [k6, p4] repeat to last 7 sts, k4, kfb, p2 (4 sts increased ‖ 501 sts)*

Row 9: *p2, kfb, [k6, p4] repeat to 8 sts before marker, k6, p1, kfb, sm, k1, sm, kfb, p1, [k6, p4] repeat to last 9 sts, k6, kfb, p2 (4 sts increased ‖ 507 sts)*

Row 11: *p2, kfb, p2, [k6, p4] repeat to 9 sts before marker, k6, p2, kfb, sm, k1, sm, kfb, p2, [k6, p4] repeat to last 11 sts, k6, p2, kfb, p2 (4 sts increased ‖ 513 sts)*

Row 13: *p2, kfb, [p4, k6] repeat to 4 sts before marker, p3, kfb, sm, k1, sm, kfb, p3, [k6, p4] repeat to last 3 sts, kfb, p2 (4 sts increased ‖ 519 sts)*

Row 15: *p2, kfb, k2, [p4, k6] repeat to 5 sts before marker, p4, kfb, sm, k1, sm, kfb, [p4, k6] repeat to last 9 sts, p4, k2, kfb, p2 (4 sts increased ‖ 525 sts)*

Row 17: *p2, kfb, k4, [p4, k6] repeat to 6 sts before marker, p4, k1, kfb, sm, k1, sm, kfb, k1, [p4, k6] repeat to last 11 sts, p4, k4, kfb, p2 (4 sts increased ‖ 531 sts)*

Reihe 19: 2 li, kfb, [6 re, 4 li] wiederholen bis 3 M vor dem MM, 2 re, kfb, MA, 1 re, MA, kfb, 2 re, [4 li, 6 re] wiederholen bis zu den letzten 3 M, kfb, 2 li (4 M zugenommen ‖ 537 M)
Reihe 21: 2 li, kfb, 2 li, [6 re, 4 li] wiederholen bis 4 M vor dem MM, 3 re, kfb, MA, 1 re, MA, kfb, 3 re, [4 li, 6 re] wiederholen bis zu den letzten 5 M, 2 li, kfb, 2 li (4 M zugenommen ‖ 543 M)
Reihe 22: wie Reihe 4 (2 M zugenommen ‖ 545 M)

ABKETTEN

Reihe 1 (HR): 1 re, [1 re, 2 M zurück auf die linke Nadel schieben, 2 M re verschr zus.str] wiederholen bis zum Ende

ABSCHLUSS

Faden abschneiden und durch die letzte M ziehen. Fäden vernähen, das Tuch dann in kaltem Wasser kurz einweichen lassen und zum Trocknen locker aufspannen.

Row 19: *p2, kfb, [k6, p4] repeat to 3 sts before marker, k2, kfb, sm, k1, sm, kfb, k2, [p4, k6] repeat to last 3 sts, kfb, p2 (4 sts increased ‖ 537 sts)*
Row 21: *p2, kfb, p2, [k6, p4] repeat to 4 sts before marker, k3, kfb, sm, k1, sm, kfb, k3, [p4, k6] repeat to last 5 sts, p2, kfb, p2 (4 sts increased ‖ 543 sts)*
Row 22: *same as row 4 (2 sts increased ‖ 545 sts)*

BIND-OFF

Row 1 (RS): *k1, [k1, sl 2 sts back to left needle, k2tog-tbl] repeat to end*

FINISHING

Cut yarn and pull through last st. Weave in and secure all ends, wash and block to final measurements.

THE MILLER'S DAUGHTER

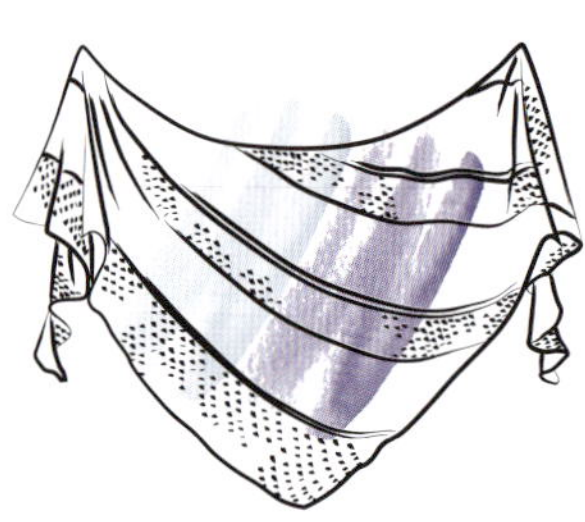

Die Sommerferien 2015 verbrachten wir in einer alten Mühle – einem wunderschönen und zauberhaften Ort, an dem es alle möglichen wundersamen Tiere, Pflanzen und Abenteuer gab, die die Kinder gerne entdeckten.

Weil sie also unterwegs waren, um Geheimnisse aufzudecken, in der Scheune zu spielen oder Marshmallows über dem Lagerfeuer zu rösten, hatte ich selbst unerhört viel Zeit zum Stricken.

Es war leicht, sich wie die Müllerstochter zu fühlen – dort auf der Bank im Schatten, unter blühenden Bäumen, die Katze beobachtend und dem leise klappernden Mühlrad lauschend, während die Stricknadeln wie von selbst ihre Magie wirkten.

Und als ich mit meiner Arbeit fertig war, als alle Maschen abgekettet und das Tuch bereit für sein erstes Bad war, war mir sofort klar, dass es nur einen Namen haben kann: The Miller's Daughter.

We've spent our summer vacation in 2015 at an old mill – a beautiful, wondrous place, filled with all kinds of animals, flowers and adventures for the kids to discover.

So while they were busy revealing secrets, playing in the barn and roasting marshmallows at the campfire, I had a lot of time to sit and knit.

It was easy to feel like the miller's daughter – sitting in the shadows under trees in bloom, watching the cats, listening to the repetitive sound of the mill-wheel and letting the knitting needles do their magic.

So when I was all done with my work, when all stitches were bound off and the shawl was ready to take its first bath, it was perfectly clear to me that only one name would be the right one: The Miller's Daughter.

THE MILLE S
DAUGHTER

GARN

Wool of Fame Merino Silk Lace
(80 % Merino, 20 % Seide;
100 g / 656 yds [600 m])

- 1 Strang in „Taupe“ (Farbe A)
  93 g / 610 yds [558 m] Verbrauch
- 1 Strang in „Monastério“ (Farbe B)
  95 g / 623 yds [570 m] Verbrauch
- 1 Strang in „Lavendel“ (Farbe C)
  6 g / 40 yds [36 m] Verbrauch

NADELN

- US 3 [3.25 mm] Rundstricknadel
  oder entsprechend der Maschenprobe

MASCHENPROBE

10 M x 22 R = 2 x 2“ [5 x 5 cm]
kraus rechts, gespannt

MASSE

94.5“ [240 cm] entlang der oberen Kante
und 27.5“ [70 cm] tief

HINWEISE

- The Miller's Daughter wird in Reihen von der rechten Spitze bis zur linken Kante gestrickt.
- (Optional) Um die obere Kante schön elastisch zu machen, kannst Du nach der ersten M jeder HR einen Umschlag einfügen und diesen in der Folgereihe direkt wieder fallen lassen.
- Falls Du lieber nach Strickschrift arbeitest, findest Du diese auf Seite 117.

YARN

Wool of Fame Merino Silk Lace
(80 % Merino, 20 % Silk;
100 g / 656 yds [600 m])

- *1 skein in "Taupe" (color A)*
  93 g / 610 yds [558 m] used for sample
- *1 skein in "Monastério" (color B)*
  95 g / 623 yds [570 m] used for sample
- *1 skein in "Lavendel" (color C)*
  6 g / 40 yds [36 m] used for sample

NEEDLES

- *US 3 [3.25 mm] circular needles*
  or size to obtain gauge

GAUGE

10 sts x 22 rows = 2 x 2“ [5 x 5 cm]
in garter stitch, blocked

FINISHED MEASUREMENTS

94.5“ [240 cm] wingspan along top edge
and 27.5“ [70 cm] deep

NOTES

- *The Miller's Daughter is worked flat from the upper right tip towards the left edge.*
- *(Optional) For making the upper edge nice and stretchy to wear against your neck, you can add a yarn over after the very first stitch of each RS row and then drop it again on the return row.*
- *If you prefer working from a chart, you'll find one on page 117.*

DEFINITIONEN

ABSCHNITT 1

Mit Farbe A

Reihe 1 (HR): 1 re, kfbf, re bis zu den letzten 3 M, 2 M re zus.str, 1 re (1 M zugenommen)
Reihe 2: re bis zum Ende

Mit Farbe B

Reihen 3-4: wie Reihen 1-2 (1 M zugenommen)

Mit Farbe A

Reihe 5: 1 re, kfbf, re bis zum Ende (2 M zugenommen)
Reihe 6: re bis zum Ende

Mit Farbe B

Reihe 7-8: wie Reihen 1-2 (1 M zugenommen)

Mit Farbe A

Reihen 9-10: wie Reihen 1-2 (1 M zugenommen)

Mit Farbe B

Reihen 11-12: wie Reihen 5-6 (2 M zugenommen)

ABSCHNITT 2

Mit Farbe A

Reihe 1 (HR): 1 re, kfbf, [U, 2 M re überz zus.str, 1 re, U, 2 M re zus.str, 1 re] wiederholen bis zu den letzten 3 M, 1 re, 2 M re zus.str (1 M zugenommen)
Reihe 2 und alle geraden Reihen: li bis zum Ende
Reihe 3: 1 re, kfbf, 3 re, [U, 2 M re überz zus.str, 1 re, 2 M re zus.str, U, 1 re] wiederholen bis zu den letzten 7 M, U, 2 M re überz zus.str, 3 re, 2 M re zus.str (1 M zugenommen)
Reihe 5: 1 re, kfbf, [U, sk2p, U, 3 re] wiederholen bis zu den letzten 5 M, U, sk2p, U, 2 M re zus.str (1 M zugenommen)
Reihe 7: 1 re, kfbf, [U, 2 M re zus.str, 1 re, U, 2 M re überz zus.str, 1 re] wiederholen bis zu den letzten 6 M, U, 2 M re zus.str, 2 re, 2 M re zus.str (1 M zugenommen)

DEFINITIONS

SECTION 1

With color A

Row 1 (RS): *k1, kfbf, k to last 3 sts, k2tog, k1 (1 st increased)*
Row 2: *k to end*

With color B

Rows 3-4: *same as rows 1-2 (1 st increased)*

With color A

Row 5: *k1, kfbf, k to end (2 sts increased)*
Row 6: *k to end*

With color B

Row 7-8: *same as rows 1-2 (1 st increased)*

With color A

Rows 9-10: *same as rows 1-2 (1 st increased)*

With color B

Rows 11-12: *same as rows 5-6 (2 sts increased)*

SECTION 2

With color A

Row 1 (RS): *k1, kfbf, [yo, ssk, k1, yo, k2tog, k1] repeat to last 3 sts, k1, k2tog (1 st increased)*
Row 2 and all even rows: *p to end*
Row 3: *k1, kfbf, k3, [yo, ssk, k1, k2tog, yo, k1] repeat to last 7 sts, yo, ssk, k3, k2tog (1 st increased)*
Row 5: *k1, kfbf, [yo, sk2p, yo, k3] repeat to last 5 sts, yo, sk2p, yo, k2tog (1 st increased)*
Row 7: *k1, kfbf, [yo, k2tog, k1, yo, ssk, k1] repeat to last 6 sts, yo, k2tog, k2, k2tog (1 st increased)*

KLEINE AKZENTE – GROSSE WIRKUNG

Manchmal gibt es Farben, die man niemals für ein Projekt benutzen würden – weil sie einem nicht stehen, nicht gefallen, nicht liegen. Bei mir sind das oft Stränge, die ich geschenkt bekommen habe, die meinen Farbgeschmack aber eben so gar nicht treffen, und oft setzen diese dann für viele Jahre Staub an. Schade eigentlich, oder?

Bei The Miller's Daughter war es ähnlich – der Lilaton gefiel mir zwar einerseits, weil ich Lila einfach mag, aber andererseits hätte ich persönlich niemals zu genau dieser Schattierung gegriffen.

Trotzdem wollte ich die Farbe gerne für dieses Projekt benutzen, und die Lösung war ganz simpel:

Setz die Farbe ruhig ein, aber nur äußerst dezent! Eine einzige Reihe in dieser Farbe, ein winziger Farbakzent also, hat hier eine ganz große Wirkung.

SMALL ACCENTS – BIG IMPACT

There are those particular colors that you would never ever use for a project – because they don't suit you, you don't like them or they are just not "your" colors. For me, these colors often come in the form of hanks that I received as a gift, in colors that don't match my taste. Then they just collect dust over the years. A shame, really.

I was in a similar situation with The Miller's Daughter – on one hand, I liked the purple because I do like purple in general, but on the other hand, personally I would never have chosen that particular shade of purple.

Nevertheless, I wanted to use this color for the project and the solution was quite simple: use that color, yet in a subtle way. One single row in this color, just a tiny touch of color, has a great effect.

Reihe 9: 1 re, kfbf, 3 re, [2 M re zus.str, U, 1 re, U, 2 M re überz zus. str, 1 re] wiederholen bis zu den letzten 4 M, 2 M re zus.str, U, 2 M re zus.str (1 M zugenommen)
Reihe 11: 1 re, kfbf, [3 re, U, sk2p, U] wiederholen bis zu den letzten 2 M, 2 M re zus.str (1 M zugenommen)
Reihe 12: wie Reihe 2

***Row 9:** k1, kfbf, k3, [k2tog, yo, k1, yo, ssk, k1] repeat to last 4 sts, k2tog, yo, k2tog (1 st increased)*
***Row 11:** k1, kfbf, [k3, yo, sk2p, yo] repeat to last 2 sts, k2tog (1 st increased)*
***Row 12:** same as row 2*

LOS GEHT'S

MASCHENANSCHLAG

9 M in Farbe B elastisch anschlagen.

VORBEREITUNG

Vorbereitungsreihe (RR): re bis zum Ende (9 M)

TUCH BEGINNEN

Abschnitt 1 vier mal arbeiten (32 M zugenommen ‖ 41 M), beim letzten Mal Farbe C für Reihen 7-8 nehmen.
Abschnitt 2 zweimal arbeiten (12 M zugenommen ‖ 53 M)
Abschnitt 1 sechs mal arbeiten (48 M zugenommen ‖ 101 M), beim letzten Mal Farbe C für Reihen 7-8 nehmen.
Abschnitt 2 zweimal arbeiten (12 M zugenommen ‖ 113 M)
Abschnitt 1 sechs mal arbeiten (48 M zugenommen ‖ 161 M), beim letzten Mal Farbe C für Reihen 7-8 nehmen.
Abschnitt 2 zweimal arbeiten (12 M zugenommen ‖ 173 M)
Abschnitt 1 sechs mal arbeiten (48 M zugenommen ‖ 221 M), beim letzten Mal Farbe C für Reihen 7-8 nehmen.
Abschnitt 2 zweimal arbeiten (12 M zugenommen ‖ 233 M)
Abschnitt 1 sechs mal arbeiten (48 M zugenommen ‖ 281 M), beim letzten Mal Farbe C für Reihen 7-8 nehmen.
Abschnitt 2 vier mal mit Farbe B arbeiten (24 M zugenommen ‖ 305 M)

ABKETTEN

Reihe 1 (HR): 1 re, [1 re, 2 M zurück auf die linke Nadel schieben, 2 M re verschr zus.str] wiederholen bis zum Ende

ABSCHLUSS

Faden abschneiden und durch die letzte M ziehen. Fäden vernähen, das Tuch dann in kaltem Wasser kurz einweichen lassen und zum Trocknen locker aufspannen.

START HERE

CAST-ON

With color B, cast on 9 sts using the long-tail cast-on method.

SET-UP

***Set-up row (WS):** k to end (9 sts)*

BEGIN SHAWL

Work 4 repeats of Section 1 (32 sts increased ‖ 41 sts), using color C instead of B for rows 7-8 on the last repeat.
Work 2 repeats of Section 2 (12 sts increased ‖ 53 sts)
Work 6 repeats of Section 1 (48 sts increased ‖ 101 sts), using color C instead of B for rows 7-8 on the last repeat.
Work 2 repeats of Section 2 (12 sts increased ‖ 113 sts)
Work 6 repeats of Section 1 (48 sts increased ‖ 161 sts), using color C instead of B for rows 7-8 on the last repeat.
Work 2 repeats of Section 2 (12 sts increased ‖ 173 sts)
Work 6 repeats of Section 1 (48 sts increased ‖ 221 sts), using color C instead of B for rows 7-8 on the last repeat.
Work 2 repeats of Section 2 (12 sts increased ‖ 233 sts)
Work 6 repeats of Section 1 (48 sts increased ‖ 281 sts), using color C instead of B for rows 7-8 on the last repeat.
With color B, work 4 repeats of Section 2 (24 sts increased ‖ 305 sts)

BIND-OFF

***Row 1 (RS):** k1, [k1, sl 2 sts back to left needle, k2tog-tbl] repeat to end*

FINISHING

Cut yarn and pull through last st. Weave in and secure all ends, wash and block to final measurements.

TRUE COLORS

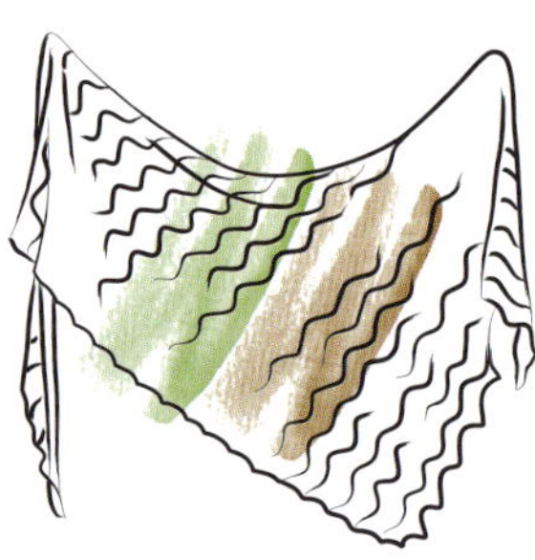

Mit True Colors bekommt der Begriff „Farbe bekennen" eine ganz neue Bedeutung…

Bist Du experimentierfreudig? Elegant, verspielt oder ganz einfach einzigartig? Hier kannst Du Dich mit Deinen ganz persönlichen Lieblingsfarben einmal so richtig austoben.

True Colors ist wunderbar großzügig geschnitten, und ein leicht einprägsames und dennoch effektvolles Lacemuster verleiht dem Tuch einen schönen Welleneffekt. Dazwischen liegen einfache Lochmusterstreifen – erst in der Hintergrundfarbe und später dann auch im Farbverlauf.

Nimm ein Staccato Set von Lorna's Laces für Deinen Farbverlauf, oder wirf' einen Blick in Deinen Wollvorrat – True Colors eignet sich toll auch für Wollreste.

Let your true colors shine in this eye-catching shawl!

Whether your style is bold, elegant, playful, or simply unique you'll find this asymmetrical triangle shawl to be the perfect playground for your personality.

It knits up to a generous size, with a simple lace pattern creating a stunning scalloped effect. Eyelet stripes separate gradient color bands, which become the accent color when the scheme is reversed near the end.

Use a Staccato Set by Lorna's Laces to create the gradients, or search through your stash for all those skeins of extra sock yarn you've been saving for a special project.

TRUE
COLORS

GARN

Lorna's Laces Shepherd Sock
(80 % Merino, 20 % Nylon; 100 g / 435 yds [398 m])

- 1 Strang in „Putty" (HF)
  94 g / 409 yds [375 m] Verbrauch

Lorna's Laces Staccato Set
(80 % Merino, 20 % Nylon;
250 g / 1070 yds [978 m])

- 1 Strang in „MM1" (NF1)
  6 g / 26 yds [24 m] Verbrauch
- 1 Strang in „MM2" (NF2)
  12 g / 52 yds [47 m] Verbrauch
- 1 Strang in „MM3" (NF3)
  16 g / 69 yds [63 m] Verbrauch
- 1 Strang in „MM4" (NF4)
  20 g / 86 yds [79 m] Verbrauch
- 1 Strang in „MM5" (NF5)
  16 g / 69 yds [63 m] Verbrauch
- 1 Strang in „MM6" (NF6)
  13 g / 56 yds [51 m] Verbrauch
- 1 Strang in „MM7" (NF7)
  13 g / 56 yds [51 m] Verbrauch
- 1 Strang in „MM8" (NF8)
  13 g / 56 yds [51 m] Verbrauch
- 1 Strang in „MM9" (NF9)
  14 g / 60 yds [55 m] Verbrauch
- 1 Strang in „MM10" (NF10)
  11 g / 48 yds [44 m] Verbrauch

NADELN

- US 6 [4.00 mm] Rundstricknadel
  oder entsprechend der Maschenprobe

MASCHENPROBE

1 umrandete Musterwiederholung
= 3.5 x 6" [9 x 15.25 cm], gespannt

MASSE

90.5" [230 cm] entlang der oberen Kante
und 27.5" [70 cm] tief

YARN

Lorna's Laces Shepherd Sock
(80 % Merino, 20 % Nylon; 100 g / 435 yds [398 m])

- *1 skein in "65ns Putty" (MC)*
  94 g / 409 yds [375 m] used for sample

Lorna's Laces Staccato Set
(80 % Wool, 20 % Nylon; 250 g / 1070 yds [978 m])

- *1 skein in "MM1" (CC1)*
  6 g / 26 yds [24 m] used for sample
- *1 skein in "MM2" (CC2)*
  12 g / 52 yds [47 m] used for sample
- *1 skein in "MM3" (CC3)*
  16 g / 69 yds [63 m] used for sample
- *1 skein in "MM4" (CC4)*
  20 g / 86 yds [79 m] used for sample
- *1 skein in "MM5" (CC5)*
  16 g / 69 yds [63 m] used for sample
- *1 skein in "MM6" (CC6)*
  13 g / 56 yds [51 m] used for sample
- *1 skein in "MM7" (CC7)*
  13 g / 56 yds [51 m] used for sample
- *1 skein in "MM8" (CC8)*
  13 g / 56 yds [51 m] used for sample
- *1 skein in "MM9" (CC9)*
  14 g / 60 yds [55 m] used for sample
- *1 skein in "MM10" (CC10)*
  11 g / 48 yds [44 m] used for sample

NEEDLES

- *US 6 [4.00 mm] circular needles*
  or size to obtain gauge

GAUGE

1 boxed pattern repeat
= 3.5 x 6" [9 x 15.25 cm], blocked

FINISHED MEASUREMENTS

90.5" [230 cm] wingspan along top edge
and 27.5" [70 cm] deep

HINWEISE

- True Colors wird in Reihen von der linken Spitze bis zur rechten Kante gestrickt.
- (Optional) Um die obere Kante schön elastisch zu machen, kannst Du nach der ersten Masche jeder RR einen Umschlag einfügen und diesen in der folgenden HR direkt wieder fallen lassen.
- Du musst die HF während des Strickens nie abschneiden – wenn Du willst, kannst Du sie einfach mit Deiner Lieblingstechnik an der Seite entlang mitnehmen.
- Falls Du lieber nach Strickschrift arbeitest, findest Du diese auf Seite 117.

NOTES

- *True Colors is worked flat from the upper left tip towards the right edge.*
- *(Optional) For making the upper edge nice and stretchy to wear against your neck, you can add a yarn over after the very first stitch of each WS row and then drop it again on the following RS row.*
- *You don't have to cut the MC at any time – if you like to, just carry it along the side of your knitting, using your favorite method for that.*
- *If you prefer working from a chart, you'll find one on* *page 117.*

DEFINITIONEN

ABSCHNITT 1

Hinweis: Wegen der unterschiedlich verteilten Zu- und Abnahmen ändert sich die Maschenanzahl manchmal pro Reihe. Überprüfe die Maschenanzahl am besten in anderen Reihen, also nicht in 5-9, 19-23 oder 33-37.

Reihe 1 (HR): 2 re, [1 li, 17 re] wiederholen bis zu den letzten 3 M, kfb, 2 re (1 M nach der letzten Musterwiederholung zugenommen)

Reihe 2: 2 re, 1 li, 1 re, [17 li, 1 re] wiederholen bis zu den letzten 2 M, 2 re

Reihe 3: 2 re, [1 li, 2 M re zus.str, 6 re, U, 1 re, U, 6 re, 2 M re überz zus.str] wiederholen bis zu den letzten 4 M, 1 li, kfb, 2 re (1 M nach der letzten Musterwiederholung zugenommen)

Reihe 4: 2 re, 2 li, 1 re, [2 M li verschr zus.str, 13 li, 2 M li zus.str, 1 re] wiederholen bis zu den letzten 2 M, 2 re

Reihe 5: 2 re, [1 li, 2 M re zus.str, 4 re, (U, 1 re) 3 mal, U, 4 re, 2 M re überz zus.str] wiederholen bis zu den letzten 5 M, 1 li, 1 re, kfb, 2 re (1 M nach der letzten Musterwiederholung zugenommen)

Reihe 6: 2 re, 3 li, 1 re, [2 M li verschr zus.str, 13 li, 2 M li zus.str, 1 re] wiederholen bis zu den letzten 2 M, 2 re

DEFINITIONS

SECTION 1

Note: The stitch count per row changes due to different amounts of increases and decreases. Check your stitch count in rows other than 5-9, 19-23 and 33-37.

Row 1 (RS): *k2, [p1, k17] repeat to last 3 sts, kfb, k2 (1 st increased after last pattern repeat)*

Row 2: *k2, p1, k1, [p17, k1] repeat to last 2 sts, k2*

Row 3: *k2, [p1, k2tog, k6, yo, k1, yo, k6, ssk] repeat to last 4 sts, p1, kfb, k2 (1 st increased after last pattern repeat)*

Row 4: *k2, p2, k1, [p2tog-tbl, p13, p2tog, k1] repeat to last 2 sts, k2*

Row 5: *k2, [p1, k2tog, k4, (yo, k1) 3 times, yo, k4, ssk] repeat to last 5 sts, p1, k1, kfb, k2 (1 st increased after last pattern repeat)*

Row 6: *k2, p3, k1, [p2tog-tbl, p13, p2tog, k1] repeat to last 2 sts, k2*

Row 7: *k2, [p1, k2tog, k2, (yo, k1) 7 times, yo, k2, ssk] repeat to last 6 sts, p1, k2, kfb, k2 (1 st increased after last pattern repeat)*

Row 8: *k2, p4, k1, [p2tog-tbl, p17, p2tog, k1] repeat to last 2 sts, k2*

Reihe 7: 2 re, [1 li, 2 M re zus.str, 2 re, (U, 1 re) 7 mal, U, 2 re, 2 M re überz zus.str] wiederholen bis zu den letzten 6 M, 1 li, 2 re, kfb, 2 re (1 M nach der letzten Musterwiederholung zugenommen)
Reihe 8: 2 re, 4 li, 1 re, [2 M li verschr zus.str, 17 li, 2 M li zus.str, 1 re] wiederholen bis zu den letzten 2 M, 2 re
Reihe 9: 2 re, [1 li, 2 M re zus.str, 15 re, 2 M re überz zus.str] wiederholen bis zu den letzten 7 M, 1 li, 3 re, kfb, 2 re (1 M nach der letzten Musterwiederholung zugenommen)
Reihe 10: 2 re, 5 li, 1 re, [17 li, 1 re] wiederholen bis zu den letzten 2 M, 2 re
Reihe 11: re bis zu den letzten 3 M, kfb, 2 re (1 M nach der letzten Musterwiederholung zugenommen)
Reihe 12: re bis zum Ende
Reihe 13: 2 re, [U, 2 M re zus.str] wiederholen bis zu den letzten 3 M, 3 re
Reihe 14: re bis zum Ende
Reihe 15: 2 re, [1 li, 17 re] wiederholen bis zu den letzten 9 M, 1 li, 5 re, kfb, 2 re (1 M nach der letzten Musterwiederholung zugenommen)
Reihe 16: 2 re, 7 li, 1 re, [17 li, 1 re] wiederholen bis zu den letzten 2 M, 2 re
Reihe 17: 2 re, [1 li, 2 M re zus.str, 6 re, U, 1 re, U, 6 re, 2 M re überz zus.str] wiederholen bis zu den letzten 10 M, 1 li, 6 re, kfb, 2 re (1 M nach der letzten Musterwiederholung zugenommen)
Reihe 18: 2 re, 8 li, 1 re, [2 M li verschr zus.str, 13 li, 2 M li zus.str, 1 re] wiederholen bis zu den letzten 2 M, 2 re
Reihe 19: 2 re, [1 li, 2 M re zus.str, 4 re, (U, 1 re) 3 mal, U, 4 re, 2 M re überz zus.str] wiederholen bis zu den letzten 11 M, 1 li, 7 re, kfb, 2 re (1 M nach der letzten Musterwiederholung zugenommen)
Reihe 20: 2 re, 9 li, 1 re, [2 M li verschr zus.str, 13 li, 2 M li zus.str, 1 re] wiederholen bis zu den letzten 2 M, 2 re
Reihe 21: 2 re, [1 li, 2 M re zus.str, 2 re, (U, 1 re) 7 mal, U, 2 re, 2 M re überz zus.str] wiederholen bis zu den letzten 12 M, 1 li, 8 re, kfb, 2 re (1 M nach der letzten Musterwiederholung zugenommen)
Reihe 22: 2 re, 10 li, 1 re, [2 M li verschr zus.str, 17 li, 2 M li zus.str, 1 re] wiederholen bis zu den letzten 2 M, 2 re

Row 9: *k2, [p1, k2tog, k15, ssk] repeat to last 7 sts, p1, k3, kfb, k2 (1 st increased after last pattern repeat)*
Row 10: *k2, p5, k1, [p17, k1] repeat to last 2 sts, k2*
Row 11: *k to last 3 sts, kfb, k2 (1 st increased after last pattern repeat)*
Row 12: *k to end*
Row 13: *k2, [yo, k2tog] repeat to last 3 sts, k3*
Row 14: *k to end*
Row 15: *k2, [p1, k17] repeat to last 9 sts, p1, k5, kfb, k2 (1 st increased after last pattern repeat)*
Row 16: *k2, p7, k1, [p17, k1] repeat to last 2 sts, k2*
Row 17: *k2, [p1, k2tog, k6, yo, k1, yo, k6, ssk] repeat to last 10 sts, p1, k6, kfb, k2 (1 st increased after last pattern repeat)*
Row 18: *k2, p8, k1, [p2tog-tbl, p13, p2tog, k1] repeat to last 2 sts, k2*
Row 19: *k2, [p1, k2tog, k4, (yo, k1) 3 times, yo, k4, ssk] repeat to last 11 sts, p1, k7, kfb, k2 (1 st increased after last pattern repeat)*
Row 20: *k2, p9, k1, [p2tog-tbl, p13, p2tog, k1] repeat to last 2 sts, k2*
Row 21: *k2, [p1, k2tog, k2, (yo, k1) 7 times, yo, k2, ssk] repeat to last 12 sts, p1, k8, kfb, k2 (1 st increased after last pattern repeat)*
Row 22: *k2, p10, k1, [p2tog-tbl, p17, p2tog, k1] repeat to last 2 sts, k2*
Row 23: *k2, [p1, k2tog, k15, ssk] repeat to last 13 sts, p1, k9, kfb, k2 (1 st increased after last pattern repeat)*
Row 24: *k2, p11, k1, [p17, k1] repeat to last 2 sts, k2*
Rows 25-28: *same as rows 11-14 (1 st increased)*
Row 29: *k2, [p1, k17] repeat to last 15 sts, p1, k11, kfb, k2 (1 st increased after last pattern repeat)*
Row 30: *k2, p13, k1, [p17, k1] repeat to last 2 sts, k2*
Row 31: *k2, [p1, k2tog, k6, yo, k1, yo, k6, ssk] repeat to last 16 sts, p1, k12, kfb, k2 (1 st increased after last pattern repeat)*
Row 32: *k2, p14, k1, [p2tog-tbl, p13, p2tog, k1] repeat to last 2 sts, k2*

FARBVERLAUF-SETS

Ich liebe Farbverlaufsets – die kleinen, oft liebevoll handgefärbten Stränge bieten so viele Möglichkeiten, mit Farben zu spielen! Wenn man ein Projekt mit verschiedenen Nuancen plant, sind „gradient kits" eine wunderbare und erschwingliche Möglichkeit.
Manche Sets bleiben innerhalb einer Farbfamilie und reichen in den Schattierungen von ganz hell bis ganz dunkel, andere mischen ganz ungewöhnliche Farbkombinationen, True Colors liegt irgendwo dazwischen. Egal, wofür Du Dich entscheidest, ganz sicher wird es Dir unterwegs so gehen wir mir – es macht so viel Freude, immer neue Farbtöne hinzuzufügen, dass man ständig denkt: „Ich gehe gleich ins Bett … nur noch eine Reihe!"

GRADIENT KITS

I love gradient yarn sets – the small, often lovingly hand-dyed hanks offer so many possibilities to play with colors! If you are planning a project with multiple colors or shades, "gradient kits" are a wonderful and affordable option.
Some sets are designed within a color family, with shades spanning from very light to very dark, others are a blend of unique color combinations – True Colors is somewhere in between. No matter what your choice will be, while working on your project you will probably share my experiences: it's so much fun to add new colors that you keep telling yourself: "I'll go to bed in just a minute … only one more row!"

Reihe 23: 2 re, [1 li, 2 M re zus.str, 15 re, 2 M re überz zus.str] wiederholen bis zu den letzten 13 M, 1 li, 9 re, kfb, 2 re (1 M nach der letzten Musterwiederholung zugenommen)
Reihe 24: 2 re, 11 li, 1 re, [17 li, 1 re] wiederholen bis zu den letzten 2 M, 2 re
Reihen 25-28: wie Reihen 11-14 (1 M zugenommen)
Reihe 29: 2 re, [1 li, 17 re] wiederholen bis zu den letzten 15 M, 1 li, 11 re, kfb, 2 re (1 M nach der letzten Musterwiederholung zugenommen)
Reihe 30: 2 re, 13 li, 1 re, [17 li, 1 re] wiederholen bis zu den letzten 2 M, 2 re
Reihe 31: 2 re, [1 li, 2 M re zus.str, 6 re, U, 1 re, U, 6 re, 2 M re überz zus.str] wiederholen bis zu den letzten 16 M, 1 li, 12 re, kfb, 2 re (1 M nach der letzten Musterwiederholung zugenommen)
Reihe 32: 2 re, 14 li, 1 re, [2 M li verschr zus.str, 13 li, 2 M li zus.str, 1 re] wiederholen bis zu den letzten 2 M, 2 re
Reihe 33: 2 re, [1 li, 2 M re zus.str, 4 re, (U, 1 re) 3 mal, U, 4 re, 2 M re überz zus.str] wiederholen bis zu den letzten 17 M, 1 li, 13 re, kfb, 2 re (1 M nach der letzten Musterwiederholung zugenommen)
Reihe 34: 2 re, 15 li, 1 re, [2 M li verschr zus.str, 13 li, 2 M li zus.str, 1 re] wiederholen bis zu den letzten 2 M, 2 re
Reihe 35: 2 re, [1 li, 2 M re zus.str, 2 re, (U, 1 re) 7 mal, U, 2 re, 2 M re überz zus.str] wiederholen bis zu den letzten 18 M, 1 li, 14 re, kfb, 2 re (1 M nach der letzten Musterwiederholung zugenommen)
Reihe 36: 2 re, 16 li, 1 re, [2 M li verschr zus.str, 17 li, 2 M li zus.str, 1 re] wiederholen bis zu den letzten 2 M, 2 re
Reihe 37: 2 re, [1 li, 2 M re zus.str, 15 re, 2 M re überz zus.str] wiederholen bis zu den letzten 19 M, 1 li, 15 re, kfb, 2 re (1 M nach der letzten Musterwiederholung zugenommen)
Reihe 38: 2 re, 17 li, 1 re, [17 li, 1 re] wiederholen bis zu den letzten 2 M, 2 re
Reihen 39-42: wie Reihen 11-14 (1 M zugenommen)

Row 33: *k2, [p1, k2tog, k4, (yo, k1) 3 times, yo, k4, ssk] repeat to last 17 sts, p1, k13, kfb, k2 (1 st increased after last pattern repeat)*
Row 34: *k2, p15, k1, [p2tog-tbl, p13, p2tog, k1] repeat to last 2 sts, k2*
Row 35: *k2, [p1, k2tog, k2, (yo, k1) 7 times, yo, k2, ssk] repeat to last 18 sts, p1, k14, kfb, k2 (1 st increased after last pattern repeat)*
Row 36: *k2, p16, k1, [p2tog-tbl, p17, p2tog, k1] repeat to last 2 sts, k2*
Row 37: *k2, [p1, k2tog, k15, ssk] repeat to last 19 sts, p1, k15, kfb, k2 (1 st increased after last pattern repeat)*
Row 38: *k2, p17, k1, [p17, k1] repeat to last 2 sts, k2*
Rows 39-42: *same as rows 11-14 (1 st increased)*

LOS GEHT'S

MASCHENANSCHLAG

11 M in NF1 elastisch anschlagen.

VORBEREITUNG

Mit NF1

Vorbereitungsreihe (RR): 2 re, li bis zu den letzten 2 M, 2 re
Reihe 1: re bis zu den letzten 3 M, kfb, 2 re (1 M zugenommen ‖ 12 M)
Reihe 2: 2 re, li bis zu den letzten 2 M, 2 re
Reihen 3-10: Reihen 1-2 vier weitere Male arbeiten (4 M zugenommen ‖ 16 M)

Mit HF

Reihe 11: re bis zu den letzten 3 M, kfb, 2 re (1 M zugenommen ‖ 17 M)
Reihe 12: re bis zum Ende
Reihe 13: 2 re, [U, 2 M re zus.str] wiederholen bis zu den letzten 3 M, 3 re
Reihe 14: re bis zum Ende

Mit NF2

Reihen 15-24: Reihen 1-2 fünf mal arbeiten (5 M zugenommen ‖ 22 M)

Mit HF

Reihen 25-28: wie Reihen 11-14 (1 M zugenommen ‖ 23 M)

HAUPTTEIL

Abschnitt 1 einmal arbeiten, dabei NF3 für Reihen 1-10, NF4 für Reihen 15-24, NF5 für Reihen 29-38 und die HF für alle anderen Reihen benutzen (18 M zugenommen ‖ 41 M)
Abschnitt 1 einmal arbeiten, dabei NF6 für Reihen 1-10, NF7 für Reihen 15-24, NF8 für Reihen 29-38 und die HF für alle anderen Reihen benutzen (18 M zugenommen ‖ 59 M)

START HERE

CAST-ON

With CC1, cast on 11 sts using the long-tail cast-on method.

SET-UP

With CC1

Set-up row (WS): *k2, p to last 2 sts, k2*
Row 1: *k to last 3 sts, kfb, k2 (1 st increased ‖ 12 sts)*
Row 2: *k2, p to last 2 sts, k2*
Rows 3-10: *work rows 1-2 four more times (4 sts increased ‖ 16 sts)*

With MC

Row 11: *k to last 3 sts, kfb, k2 (1 st increased ‖ 17 sts)*
Row 12: *k to end*
Row 13: *k2, [yo, k2tog] repeat to last 3 sts, k3*
Row 14: *k to end*

With CC2

Rows 15-24: *work rows 1-2 five more times (5 sts increased ‖ 22 sts)*

With MC

Rows 25-28: *same as rows 11-14 (1 st increased ‖ 23 sts)*

MAIN PATTERN

Work 1 repeat of Section 1, using CC3 for rows 1-10, CC4 for rows 15-24, CC5 for rows 29-38 and the MC for all other rows (18 sts increased ‖ 41 sts)
Work 1 repeat of Section 1, using CC6 for rows 1-10, CC7 for rows 15-24, CC8 for rows 29-38 and the MC for all other rows (18 sts increased ‖ 59 sts)
Work 1 repeat of Section 1, using CC9 for rows 1-10, CC10 for rows 15-24, CC9 for rows 29-38 and the MC for all other rows (18 sts increased ‖ 77 sts)

Abschnitt 1 einmal arbeiten, dabei NF9 für Reihen 1-10, NF10 für Reihen 15-24, NF9 für Reihen 29-38 und die HF für alle anderen Reihen benutzen (18 M zugenommen ‖ 77 M)
Abschnitt 1 einmal arbeiten, dabei NF8 für Reihen 1-10, NF7 für Reihen 15-24, NF6 für Reihen 29-38 und die HF für alle anderen Reihen benutzen (18 M zugenommen ‖ 95 M)
Abschnitt 1 einmal arbeiten, dabei NF5 für Reihen 1-10, NF4 für Reihen 15-24, NF3 für Reihen 29-38 und die HF für alle anderen Reihen benutzen (18 M zugenommen ‖ 113 M)
Abschnitt 1 einmal arbeiten, dabei NF2 für Reihen 1-10, NF1 für Reihen 15-24, NF2 für Reihen 29-38 und die HF für alle anderen Reihen benutzen (18 M zugenommen ‖ 131 M)
Abschnitt 1 einmal arbeiten, dabei NF3 für Reihen 1-10, NF4 für Reihen 15-24, NF5 für Reihen 29-38 und die HF für alle anderen Reihen benutzen (18 M zugenommen ‖ 149 M)
Abschnitt 1 einmal arbeiten, dabei NF6 für Reihen 1-10, NF7 für Reihen 15-24, NF8 für Reihen 29-38 und die HF für alle anderen Reihen benutzen (18 M zugenommen ‖ 167 M)

FARBWECHSEL

Abschnitt 1 einmal arbeiten, dabei NF9 für Reihen 1-10, die HF für Reihen 11-14, NF10 für Reihen 15-24, die HF für Reihen 25-38 und dann NF5 für Reihen 39-42 benutzen (18 M zugenommen ‖ 185 M)
Abschnitt 1 einmal arbeiten, dabei die HF für Reihen 1-10, 15-24 und 29-38, und NF4 für Reihen 11-14, NF3 für Reihen 25-28 und NF4 für Reihen 39-42 benutzen (18 M zugenommen ‖ 203 M)
Reihen 1-10 von Abschnitt 1 einmal in der HF arbeiten (5 M zugenommen --208 M)

ABKETTEN

Mit HF

Reihe 1 (HR): 1 re, [1 re, 2 M zurück auf die linke Nadel schieben, 2 M re verschr zus.str] wiederholen bis zum Ende

ABSCHLUSS

Faden abschneiden und durch die letzte M ziehen. Fäden vernähen, das Tuch dann in kaltem Wasser kurz einweichen lassen und zum Trocknen locker aufspannen.

Work 1 repeat of Section 1, using CC8 for rows 1-10, CC7 for rows 15-24, CC6 for rows 29-38 and the MC for all other rows (18 sts increased ‖ 95 sts)
Work 1 repeat of Section 1, using CC5 for rows 1-10, CC4 for rows 15-24, CC3 for rows 29-38 and the MC for all other rows (18 sts increased ‖ 113 sts)
Work 1 repeat of Section 1, using CC2 for rows 1-10, CC1 for rows 15-24, CC2 for rows 29-38 and the MC for all other rows (18 sts increased ‖ 131 sts)
Work 1 repeat of Section 1, using CC3 for rows 1-10, CC4 for rows 15-24, CC5 for rows 29-38 and the MC for all other rows (18 sts increased ‖ 149 sts)
Work 1 repeat of Section 1, using CC6 for rows 1-10, CC7 for rows 15-24, CC8 for rows 29-38 and the MC for all other rows (18 sts increased ‖ 167 sts)

COLOR CHANGE

Work 1 repeat of Section 1, using CC9 for rows 1-10, MC for rows 11-14, CC10 for rows 15-24, MC for rows 25-38 and then CC5 for rows 39-42 (18 sts increased ‖ 185 sts)
Work 1 repeat of Section 1, using MC for rows 1-10, 15-24 and 29-38, and CC4 for rows 11-14, CC3 for rows 25-28 and CC4 for rows 39-42 (18 sts increased ‖ 203 sts)
Work rows 1-10 of Section 1 in MC (5 sts increased ‖ 208 sts)

BIND-OFF

With MC

Row 1 (RS): *k1, [k1, sl 2 sts back to left needle, k2tog-tbl] repeat to end*

FINISHING

Cut yarn and pull through last st. Weave in and secure all ends, wash and block to final measurements.

STRICKSCHRIFTEN
CHARTS

ALL PATHS LEAD HOME

Die Strickschriften werden von unten nach oben gelesen. HR (ungerade) werden von rechts nach links gelesen, RR (gerade) und die Mittelmasche zwischen den beiden MMn sind nicht eingezeichnet.

Charts are read from bottom to top. RS (odd) rows are read from right to left, WS (even) rows and the center st between the two markers are not charted.

☐ re	☐ *k on RS; p on WS*
V kfbf	V *kfbf*
ML M1L	ML *M1L*
MR M1R	MR *M1R*
O U	O *yo*
Λ cdd	Λ *cdd*
☐ Musterwiederholung	☐ *pattern repeat*

STRICKSCHRIFT FÜR ABSCHNITT 3, ALLE M BIS ZUM 1. MM
CHART FOR SECTION 3, ALL STS BEFORE 1ST MARKER

STRICKSCHRIFT FÜR ABSCHNITT 3, ALLE M NACH DEM 2. MM
CHART FOR SECTION 3, ALL STS AFTER 2ND MARKER

EIFELGOLD

Die Strickschriften werden von unten nach oben gelesen. Es werden nur die HR gezeigt – diese werden von rechts nach links gelesen. In den RR werden alle M, die in derselben Farbe erscheinen, in der Du gerade strickst, rechts abgestrickt und die anderen werden abgehoben (Fv).

Reihen 1, 5, 9, 13 und 17 werden mit Farbe B gearbeitet – die farbigen Kästchen stehen dabei für die M, die gestrickt werden, und die weißen stehen für die M, die abgehoben werden (Fh).

Reihen 3, 7, 11, 15 (und bei Abschnitt 3 auch Reihe 19) werden mit Farbe A gearbeitet – die weißen Kästchen stehen dabei für die M, die gestrickt werden, und die farbigen Kästchen stehen für die M, die abgehoben werden (Fh).

Charts are read from bottom to top. Only RS rows are charted – they are read from right to left. In WS rows, k all sts that appear in the same color you're currently working with and sl all others wyif.

Rows 1, 5, 9, 13 and 17 are worked with color B – the colored boxes represent those sts that are knit, the white boxes represent those that are slipped wyib.

Rows 3, 7, 11, 15 (and 19 for Section 3) are worked with color A – the white boxes represent those sts that are knit, the colored boxes represent those that are slipped wyib.

STRICKSCHRIFT FÜR ABSCHNITT 2
CHART FOR SECTION 2

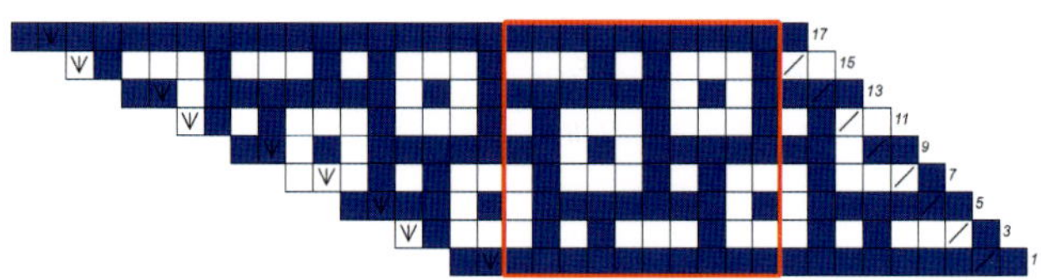

STRICKSCHRIFT FÜR ABSCHNITT 3
CHART FOR SECTION 3

☐ re bzw. abh (siehe Erklärung)	☐ *k or sl (see explanation)*
⁄ 2 M re zus.str	⁄ *k2tog*
V kfb	V *kfb*
☐ Musterwiederholung	☐ *pattern repeat*

GENTLE HUG

Die Strickschriften werden von unten nach oben gelesen, dabei wie folgt vorgehen:
HR (ungerade) und RR (gerade) werden von rechts nach links bis zum MM gelesen, dann wird die M-Zunahme als M1R gearbeitet. Nun wird die Mittelmasche gearbeitet (siehe hierzu die Beschreibungen auf Seite 43-46). Anschließend wird die Reihe von links nach rechts bis zum Ende gelesen – die M-Zunahme wird dieses Mal als M1L gearbeitet.
Hinweis: Die farbige M-Zunahme in Reihe 13 unter dem losen Faden arbeiten!

Charts are read from bottom to top as following:
RS (odd) rows and WS (even) rows are worked from right to left up to the stitch marker. The M-increase is worked as a M1R. Next up, the center stitch is worked (see description on page 43-46). Next up, the rest of the row is read from left to right, and this time the M-increase is worked as a M1L.
Hint: The colored M-increase in row 13 has to be worked under the loose strand.

STRICKSCHRIFT FÜR ABSCHNITT 1
CHART FOR SECTION 1

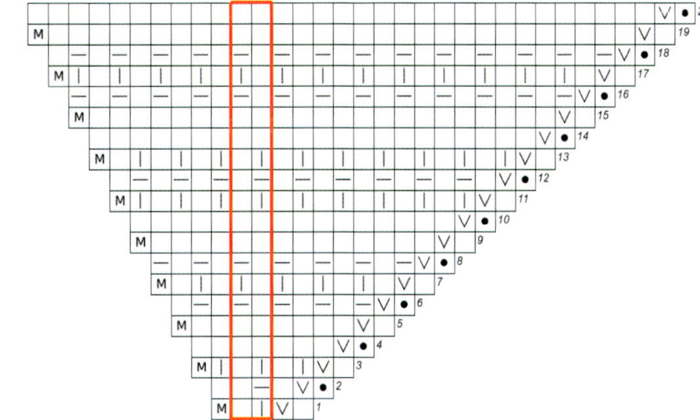

STRICKSCHRIFT FÜR ABSCHNITT 2
CHART FOR SECTION 2

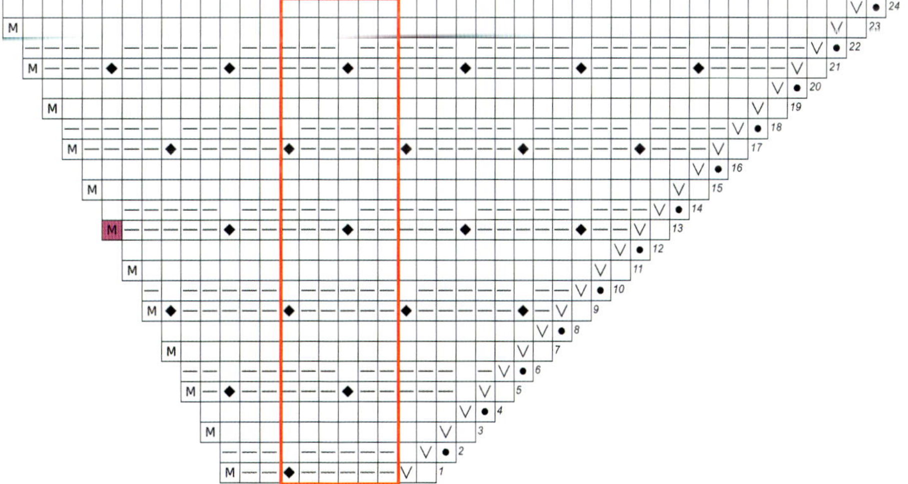

- re in HR; li in RR
- li in HR; re in RR
- 1 re ulF
- 1 abh (Fv)
- 1 abh (Fh)
- kfb
- M1L / M1R
- Musterwiederholung

- *k on RS; p on WS*
- *p on RS; k on WS*
- *k1 uls*
- *sl 1 wyif*
- *sl 1 wyib*
- *kfb*
- *M1L / M1R*
- *pattern repeat*

GRELLOW IS A STATE OF MIND

Die Strickschrift wird von unten nach oben gelesen. HR (ungerade) werden von rechts nach links; RR (gerade) von links nach rechts gelesen.

The chart is read from bottom to top. RS (odd) rows are read from right to left; WS (even) rows from left to right.

STRICKSCHRIFT FÜR ABSCHNITT 2

CHART FOR SECTION 2

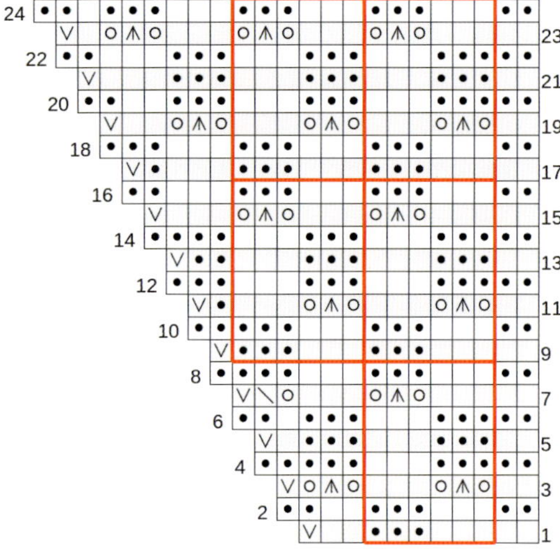

☐ re in HR; li in RR	☐ *k on RS; p on WS*
⊡ li in HR; re in RR	⊡ *p on RS; k on WS*
⋁ kfb	⋁ *kfb*
○ U	○ *yo*
⟍ 2 M re überz zus.str	⟍ *ssk*
⋀ sk2p	⋀ *sk2p*
☐ Musterwiederholung	☐ pattern repeat

MAIVEMBER

Die Strickschrift wird von unten nach oben gelesen. Es werden nur die HR gezeigt – diese werden von rechts nach links gelesen. In den RR werden alle M, die in derselben Farbe erscheinen, in der Du gerade strickst, rechts abgestrickt und die anderen werden abgehoben (Fv). Reihen 1, 5, 9 und 13 werden mit der Hintergrundfarbe gearbeitet – die farbigen Kästchen stehen dabei für die M, die gestrickt werden, und die weißen stehen für die M, die abgehoben werden (Fh). Reihen 3, 7, 11 und 15 werden mit der Kontrastfarbe gearbeitet – die weißen Kästchen stehen dabei für die M, die gestrickt werden, und die farbigen Kästchen stehen für die M, die abgehoben werden (Fh).

The chart is read from bottom to top. Only RS rows are charted – they are read from right to left. In WS rows, k all sts that appear in the same color you're currently working with and sl all others wyif. Rows 1, 5, 9 and 13 are worked with the background color – the colored boxes represent those sts that are knit, the white boxes represent those that are slipped wyib. Rows 3, 7, 11 and 15 are worked with the contrasting color – the white boxes represent those sts that are knit, the colored boxes represent those that are slipped wyib.

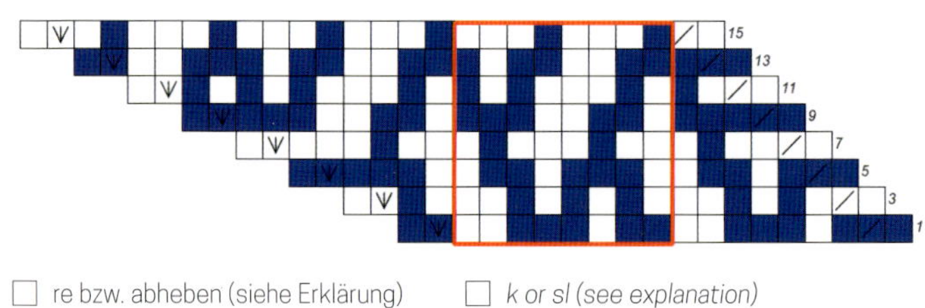

☐ re bzw. abheben (siehe Erklärung)	☐ *k or sl (see explanation)*
⟋ 2 M re zus.str	⟋ *k2tog*
⩛ kfbf	⩛ *kfbf*
☐ Musterwiederholung	☐ pattern repeat

THE MILLER'S DAUGHTER

Die Strickschrift wird von unten nach oben und von rechts nach links gelesen. Es sind nur die HR abgebildet – RR werden immer links gestrickt.

The chart is worked from bottom to top and from right to left. Only RS rows are charted – on WS rows, all sts are purled.

STRICKSCHRIFT FÜR ABSCHNITT 2

CHART FOR SECTION 2

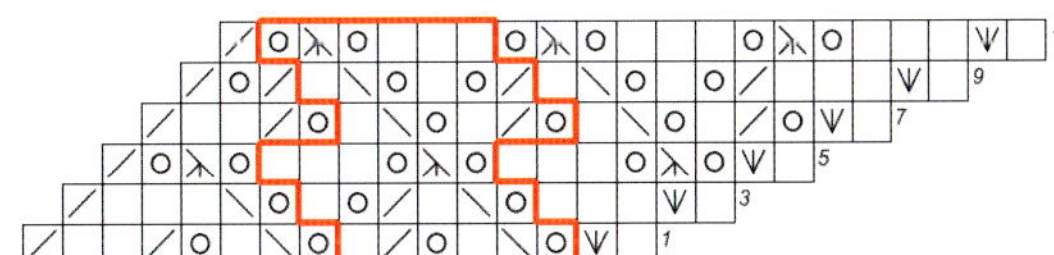

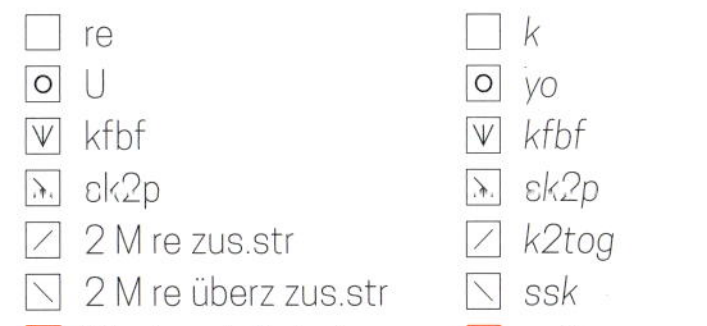

TRUE COLORS

Die Strickschrift wird von unten nach oben gelesen. HR (ungerade) werden von rechts nach links, RR (gerade) von links nach rechts gelesen.

Chart is read from bottom to top. RS (odd) rows are read from right to left; WS (even) rows from left to right.

re in HR; li in RR	*k on RS; p on WS*
li in HR; re in RR	*p on RS; k on WS*
kfb	*kfb*
U	*yo*
2 M re zus.str	*k2tog*
2 M re überz zus.str	*ssk*
keine M (ignorieren)	*no st (ignore this space)*
Musterwiederholung	*pattern repeat*

STRICKSCHRIFT FÜR ABSCHNITT 1

CHART FOR SECTION 1

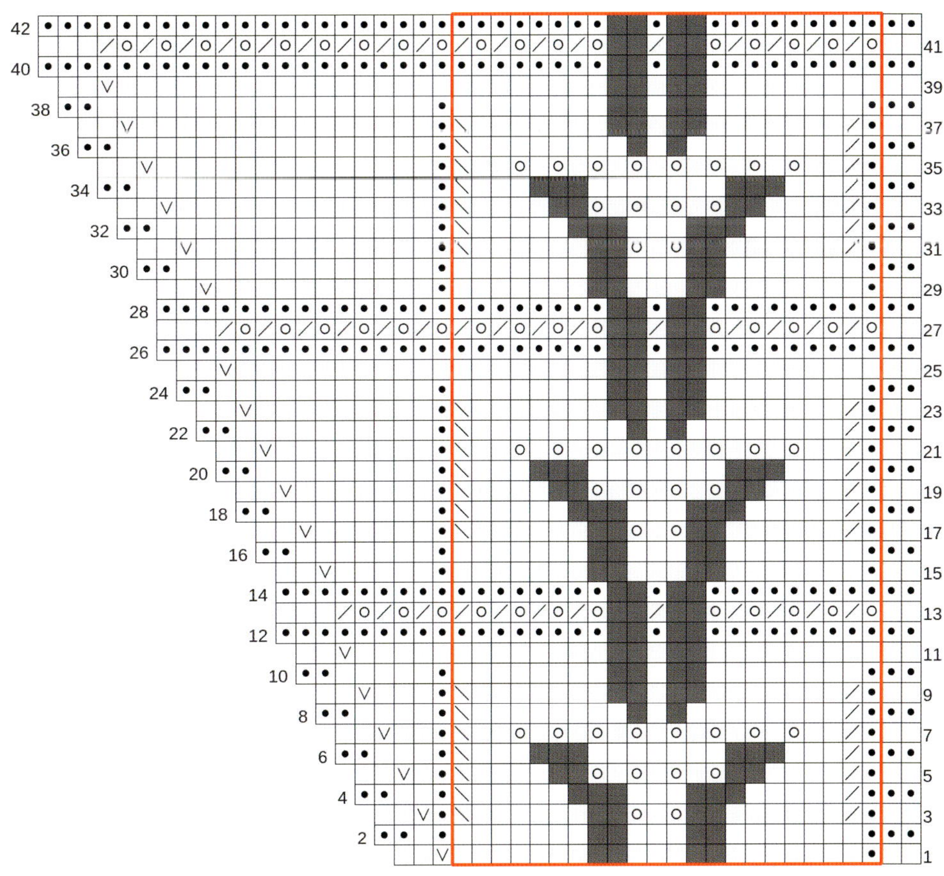

5190 MILES

Sandra from Rostock, Germany
Ravelry User: theWoolyHog
Yarn: Juniper Moon Farm Findley

"When the pattern for '5190 Miles' was released I was instantly drawn to its clear, almost graphical design. I could easily envision it in 'my colors', so when the Knitalong in the Mairlynd Ravelry group started I jumped right in. The yarn I used is lighter than what's suggested in the pattern, but I really love how light and airy my shawl turned out. With only 130 grams it still provides a surprising amount of warmth. The pattern was perfect for me as a relatively new knitter with its long stretches of garter stitch, interrupted by the rows where the shell dip stitch is worked. And the lovely KAL hostesses and all the others knitting along with me gave me the confidence that I could actually do it."

ALL PATHS LEAD HOME

Lizelle from a desert farm in the Klein Karoo, Western Cape, South Africa
Ravelry User: Zellieknits
Yarn:Hartlam Alldays Sock

"When I took up knitting again a few years ago, Melanie's patterns immediately drew my eye. Her patterns are both beautiful and fascinating – always with the perfect meld of simplicity, precision and the joyful celebration of all the things we love about knitting. When the test call went out for 'All Paths Lead Home', I scrambled for the opportunity to knit this lovely shawl. I loved the contrast between the disciplined slipped stitch stripes and the opulent lace border; so I chose the colors accordingly! I loved knitting this pattern and I absolutely love the result. Fast forward a few years: I have now published a few of my own patterns and have renewed respect for the amazing energy, dedication and commitment Melanie brings to her work. I hope I'll be knitting several more Mairlynd designs in the future – there are so many beautiful ones to choose from!"

EIFELGOLD

Becky from a suburb of Detroit, Michigan
Ravelry User: beckyswaff
Yarn: Madelinetosh Tosh Mo Light

"When I first saw Melanie's 'Eifelgold' design, I was struck by its bold, yet gentle geometric pattern. I imagined the complete difference in outcome derived by different yarn choices. Pastels and pale colors could blend to create a calm and melodic fabric, while bright, bold yarns could create striking, graphic contrast. I always appreciate this about Melanie's patterns and design aesthetic – she gifts the ability to create a piece completely one's own, with clear instruction and beautiful lines. Her designs pair new motifs with classic shapes, guiding knitters to create statement pieces that seamlessly blend into the everyday wardrobe."

GENTLE HUG

Jill from Canterbury, United Kingdom
Ravelry User: fruitbat
Yarn: Kettle Yarn Co. Northiam DK

"I had the pleasure of knitting my first Mairlynd pattern back in 2013. To this day I'm still blown away by Melanie's creativity. There is always that little something special in each shawl design that captivates me. I knew instantly that I wanted to knit 'Gentle Hug', having seen those brief, tantalising glimpses of it, that Melanie so wonderfully tempts us with, on Instagram. I loved its bold, textured graphic design so it was a great treat to be asked to do the test knit. My first interpretation looked somewhat different to the photograph of Melanie's shawl that came with the pattern. My second attempt was so much better and successful! It showed me that even as an experienced knitter I can still learn from my mistakes and that it really does help to read the pattern properly! I do love my finished shawl - it's large, cosy, full of texture and the perfect 'Gentle Hug'!"

GRELLOW IS A STATE OF MIND

Katarina from Hamburg, Germany
Ravelry User: flykati
Yarn: Handdyed Berlin Merino Single and Pook Yarns Merino with Cashmere

"I felt very honored when Melanie asked me to test knit one of her new designs for her second book. She showed me a picture of her sample and my heart skipped a beat. 'Grellow' has been a color combination which I have always liked and the design really is a state of (my) mind: It is so versatile it suits everyone, and I just love stripes! But I knew right away that I couldn't choose the same colors as Melanie, and she suggested I should go a little crazy – and so I did. I knitted two versions of the shawl and even started a third and I have ideas for more. I am so curious to see what cool color combinations other knitters come up with."

MAIVEMBER

Elizabeth from West Lebanon, New York
Ravelry User: YarnChitect
Yarn: The Periwinkle Sheep Silky Single

"Color in knitting is hugely important to me. I love being able to match the colors I select with the name or story of a pattern or the inspiration I have when looking at the designer's finished object. For 'Maivember', it was all about the mosaic and using colors that I would love to wear all the time. With the colors I selected, I kept imagining J.R.R. Tolkien's The Hobbit as I knit, and the journey from the Shire to the Lonely Mountain and back again, with the mosaic weaving the colors together to tell the story. Now every time I wear the shawl, I will have that journey and those memories with me."

MOONRAKER

Janine from Wachtberg, Germany
Ravelry User: Jetztkochtsie
Garn: The Plucky Knitter Primo Sport

„Ich liebe es, zu stricken und zu handarbeiten. Es entspannt mich und hilft mir, den Kopf von allem anderen zu befreien. Da ich genauso gern rede, wie stricke, war es sinnvoll, einen Strickpodcast zu starten. Seit 2018 plaudere ich also alle zwei Wochen im Frickelcast mit meiner Freundin Feierabendfrickeleien über Wolle und alles, was das Handarbeiterherz erfreut. Vor 4 Jahren hatte ich ein 3-Strang-Überraschungspaket von The Plucky Knitter hier liegen und wusste nicht so recht, was daraus werde wollte. Beim Blick auf Mairlynds Muster war rasch klar, dass der 'Moonraker' wie gemacht für die kühle Farbkombination ist, und die Wahl war gut, denn ich trage den Schal noch heute sehr oft und gerne. Er ist effektvoll und doch schlicht, hat einen tollen Fall und die Form ist vor allem alltagstauglich und tragbar. Danke, liebe Melanie, für all deine wunderbaren Strickideen."

MY CRYPTONITE

Miriam from Senec, Slovakia
Ravelry User: soulanna
Yarn: Malabrigo Yarn Finito

„My Cryptonite was the first shawl I test knitted for Melanie, I just discovered Malabrigo Finito (Melanie's influence, original yarn for 'Sunwalker'). It's been a while, but I remember that my finished shawl was so huge, I had to open the dining room table to full size to block it. As every knitter, my first intention was to keep the finished shawl, but a few weeks later I took my niece to Prague to see Justin Bieber for her 16th birthday, and she had nothing to cover her neck. Katarina was so cold, I lend her 'My Cryptonite' to keep her warm. The next morning, she was cuddled up with it, kind of like a baby holding its teddy bear. It was just so sweet that I gave it to her! Since then, the shawl has been worn so much it almost looks felted, but she still loves it and it's still her favorite. Makes me really happy when my finished projects find this good forever home."

ROPEDANCE

Anke from Voerde, Deutschland
Ravelry User: MirjanaPausbacken
Yarn: Malabrigo Yarn Sock

„Mein Name ist Anke, ich bin Mitte 40, verheiratet und komme vom Niederrhein. Stricken ist seit der Schwangerschaft mit meiner ersten Tochter 2006 mein Hobby und wurde durch die Entdeckung von Ravelry und Strickforen bei Facebook meine Leidenschaft. Ich hatte die große Freude, das Stricken verkürzter Reihen 2014 von Melanie Berg selbst bei einem Kurs im Atelyeah in Mönchengladbach zu erlernen. 'Ropedance' ist kurz danach in einem Knitalong befreundeter Strickerinnen entstanden und bis heute eines meiner absoluten Lieblingstücher, auch wenn ich schon viele von Melanies Designs nachgestrickt habe. Passend zu dem Tuch habe ich mir aus der hellen Wolle noch einen Qwist Hat gemacht und trage beides gern zusammen."

SPARK OF GREY

Alexandra from a small town close to Paris, France
Ravelry User: tatiealexe
Yarn:The Plucky Knitter Snug Fingering and Artyarns Merino Cloud

"I always look forward to knitting Melanie's patterns. Her instructions are very clear and the final results never fail to impress me. 'Spark of Grey' is a perfect example of Melanie's unique creation style: simple enough for debutant knitters, but with a stitch twist that makes it exciting also for advanced knitters. I knitted this shawl for a dear friend, and I had as much fun knitting it as my friend is having wearing it!"

THE MILLER'S DAUGHTER

Corinna from Munich, Deutschland
Ravelry User: FrauNachtgedanken
Yarn: Atelier Zitron Seidenstraße naturally hand dyed by folly.me

„Neben dem Stricken ist die Arbeit als Statistin am Münchner Gärtnerplatztheater meine zweite Leidenschaft. Kurz nach der Veröffentlichung von 'The Miller's Daughter' bekam ich eine Rolle in dem Stück 'Das Lächeln einer Sommernacht' von Sondheim. Mein Lieblingslied daraus ist 'The Miller's Son' und als ich dann auch noch bei meiner Lieblingsfärberin (im Bild) ein Blau namens Sommernacht entdeckte, war klar, was mein Projekt zu diesem Stück werden würde. Die Abwechslung von kraus rechten und Lace-Reihen und die Konstruktion des Tuches lassen keine Langeweile aufkommen, man kann aber trotzdem immer mit einem Ohr auf die Einrufe zum Auftritt hören. Ein zweiter 'The Miller's Daughter' aus Lacegarn in herbstlichen Farben ist für dieses Jahr in Planung."

TRUE COLORS

Elaine from Hertfordshire, United Kingdom
Ravelry User: YarnandFloss
Yarn: Skein Queen Selkino and Juno Fibre Arts Milly Sleek Singles

"I hadn't knitted for a very long time, until in 2015, I came across a sample knit of 'Moonraker' in Loop, London. I was captivated by the clean, modern style of Melanie's design and I went straight home to investigate her on Ravelry. Melanie inspired me to start knitting again and I chose 'Drachenfels' as my first project.

I can usually visualise a color palette immediately when I see a pattern, and so it was the case with 'True Colors'. It was an opportunity to really play with color, and I used mostly Skein Queen yarns from my stash. I particularly enjoyed knitting the easy, but effective lace sections, and I was so happy with how it turned out. It reminds me of the beach on a sunny day. I'll never tire of knitting Melanie's patterns, and being in her Ravelry group has brought me both pleasure, and friends from around the world."

ABKÜRZUNGEN

abh abheben

cdd (centered double decrease) 2 M wie zum re zus.str abh, 1 re, abgehobene M überziehen (2 M abgenommen)

DM Doppelmasche

Fh Faden hinten

Fv Faden vorne

HF Hintergrundfarbe

HR Hinreihe(n)

kfb M von vorne und hinten abstricken (1 M zugenommen)

kfbf M von vorne, von hinten und dann noch einmal von vorne abstricken (2 M zugenommen)

kk M re abstricken, dabei den Faden zweimal um die rechte Nadel schlaufen. Aus einer M werden zwei. Die extra Schlaufe wird in der RR wieder fallen gelassen.

li links

M Masche(n)

MA Maschenmarkierer abh

ME Maschenmarkierer entfernen

MM Maschenmarkierer

MS Maschenmarkierer setzen

M1L Querfaden von vorne nach hinten auf die linke Nadel heben und re verschr str (1 M zugenommen)

M1R Querfaden von hinten nach vorne auf die linke Nadel heben und re str (1 M zugenommen)

m3f3 3 M re zus.str, ohne sie von der linken Nadel fallen zu lassen, U und die 3 M noch einmal re zus.str. Aus 3 M werden 3.

m5f5 5 M re zus.str, ohne sie von der linken Nadel fallen zu lassen, U, die 5 M noch einmal re zus.str, ohne sie von der linken Nadel fallen zu lassen, U und die 5 M dann noch einmal re zus.str. Aus 5 M werden 5.

NF Nebenfarbe

re rechts

RR Rückreihe(n)

sk2p 1 M wie zum li str abh, 2 M re zus.str, abgehobene M überziehen (2 M abgenommen)

str stricken

U Umschlag (1 M zugenommen)

ulF Nadel unter dem losen Faden in die nächste M einführen und str, der Faden wird „mitgestrickt".

überz (ssk) überzogen

verschr verschränkt

zus zusammen

ABBREVIATIONS

CC *contrasting color*

cdd *centered double decrease: sl 2 sts as if to k2tog, k1, pass slipped sts over (2 sts decreased)*

k *knit*

kfb *k front and back of st (1 st increased)*

kfbf *k front, back and front of st again (2 sts increased)*

kk *k st with yarn wrapped twice around right needle. One st becomes two. This extra wrap will be dropped on the next row*

k2tog *k 2 sts together (1 st decreased)*

MC *main color*

M1L *insert left needle from front to back under horizontal strand between st just worked and next st, k it tbl (1 st increased)*

M1R *insert left needle from back to front under horizontal strand between st just worked and next st and k it (1 st increased)*

m3f3 *k 3 sts together but don't drop them off the left needle, yo and k 3 together once more. 3 sts become 3.*

m5f5 *k 5 sts together but don't drop them off the left needle, yo, repeat the k 5 sts together once more, again, don't let them drop off the left needle, yo and k 5 together once more. 5 sts become 5.*

p *purl*

pm *place marker*

RS *right side*

rm *remove marker*

sk2p *sl 1 st purlwise with yarn in back, k2tog, pass slipped st over (2 sts decreased)*

sl *slip*

sm *sl marker*

ssk *sl 2 sts one at a time knitwise to the right needle; return sts to left needle in turned position and k them together tbl (1 st decreased)*

st(s) *stitch(es)*

tbl *through the back loop(s)*

uls *insert needle under loose strand and k the next st catching the strand behind it*

WS *wrong side*

wyib *with yarn in back*

wyif *with yarn in front*

yo *yarn over (1 st increased)*

DANKE

Mit einem Buch ist es ganz ähnlich wie mit Kindern – genau wie man diese niemals ganz alleine großzieht, so schreibt man auch ein Buch nicht ganz allein. Auch diesmal haben mich wieder viele wunderbare Menschen dabei unterstützt, und ohne ihre Hilfe wäre Colorwork Shawls nur halb so gut geworden.

Katrin, Petra, Susanne Noll, Elizabeth, Jill, Katarina, Heli, Jessie, Patti, Sandra, Becky, Janine, Anke, Alexandra, Corinna, Elaine, Lizelle und Miriam – danke, dass Ihr Teil dieses Projekts seid und so viel Erfahrung, Wissen und so viele Geschichten und Fotos mit mir geteilt habt.

Ein ganz großes Dankeschön auch an all die wunderbaren Strickerinnen und Stricker, die Teil meiner Ravelrygruppe sind und dort mit sehr viel Liebe, Wissen und Organisationstalent dazu beitragen, diese Gruppe zu einer ganz besonderen Oase auf Ravelry zu machen.

Ganz besonders möchte ich mich auch bei all den Färberinnen und Färbern und bei all den Unternehmen bedanken, die mir für dieses Buch ihre Garne zur Verfügung gestellt haben: Sarah Kurth von Bumblebirch, Jeanette Sundstrom von Sun Valley Fibers, Rosmary Stegmann und Patrick Gruban von Rosy Green Wool, Linda Lencovic von Kettle Yarn Co., Cécile Aveline von La Fée Fil, Cathrin Walk von WalkCollection, Sarah Dimond von The Plucky Knitter, Kristen Finlay von Skein, Kristin Ford von Woolfolk Yarn, Sunne Meyer von Craftsy, Susanne Grashoff von Wool of Fame und Beth Casey und Amanda Jarvis von Lorna's Laces.

Danke Mama, für Deine Unterstützung mein ganzes Leben lang – Du bist einfach klasse!

René – danke für Deine Adleraugen und für all die Lebensrettungen. Ich liebe Dich.

ACKNOWLEDGEMENTS

A book and children have much in common – just like you never really raise your kids all by yourself you don't write a book all by yourself either. Once again so many wonderful people have supported me, and without their help, Colorwork Shawls would only be half as great.

Katrin, Petra, Susanne Noll, Elizabeth, Jill, Katarina, Heli, Jessie, Patti, Sandra, Becky, Janine, Anke, Alexandra, Corinna, Elaine, Lizelle and Miriam – thanks for being part of this project and sharing so much of your experience and knowledge as well as your stories and images with me.

A big thank you to all the wonderful knitters who are part of my Ravelry group and, with lots of love, knowledge and organizational talent, help to make it a special oasis within Ravelry.

All the yarn companies and dyers that so generously provided me with their yarns for this book: Sarah Kurth of Bumblebirch, Jeanette Sundstrom of Sun Valley Fibers, Rosmary Stegmann and Patrick Gruban of Rosy Green Wool, Linda Lencovic at the Kettle Yarn Co., Cécile Aveline of La Fée Fil, Cathrin Walk at the WalkCollection, Sarah Dimond of The Plucky Knitter, Kristen Finlay of Skein, Kristin Ford of Woolfolk Yarn, Sunne Meyer of Craftsy, Susanne Grashoff of Wool of Fame and Beth Casey and Amanda Jarvis of Lorna's Laces.

Thanks, Mom, for supporting me my entire life – you're simply amazing!

René – thanks for your eagle eyes and all those life savers. I love you.

IMPRESSUM

FOTOS: Melanie Berg, Bonn

PRODUKTMANAGEMENT: Katrin Akyol

LEKTORAT: Jill Bland, Canterbury, Susanne Noll, no:vum, Hennef

ÜBERSETZUNG (S. 9-13, Rückseite): Britta John, Königs Wusterhausen

LAYOUT UND ILLUSTRATIONEN: Petra Schmidt, Design Ideenreich, München

SATZ: Petra Theilfarth

DRUCK UND BINDUNG: Livonia Print SIA, Lettland

1. Auflage 2019

ISBN 978-3-7724-8170-3 • Best.-Nr. 8170

IMPRINT

PHOTOGRAPHS: Melanie Berg, Bonn

PRODUCT MANAGEMENT: Katrin Akyol

EDITING: Jill Bland, Canterbury, Susanne Noll, no:vum, Hennef

TRANSLATION (P. 9-13, back cover): Britta John, Königs Wusterhausen

LAYOUT AND ILLUSTRATIONS: Petra Schmidt, Design Ideenreich, Munich

TYPESETTING: Petra Theilfarth

PRINTING AND BINDING: Livonia Print SIA, Lettland

1st edition 2019

ISBN 978-3-7724-8170-3 • Order number 8170